30 Minuten

SCHNELLE REZEPTE
FÜR JEDEN TAG

Brigitte
KOCHBUCH-EDITION

30 Minuten

SCHNELLE REZEPTE FÜR JEDEN TAG

Inhaltsverzeichnis

Hauptgerichte 93

Desserts und Süßspeisen 133

Schnell und einfach – unsere Tipps 155

Kurz und köstlich

Dass Zeit ein wertvolles Gut ist, erfahren wir fast jeden Tag. Denn die meisten von uns haben so wenig davon wie nie. So kollidiert das, was wir tun müssen, ständig mit dem, was wir tun wollen. Deshalb möchte keiner, auch wenn wir alle selbst gekochte Gerichte lieben und zu schätzen wissen, stundenlang mit Kochen verbringen. Noch weniger die knappe Zeit beim Einkaufen vertun – erst auf dem Wochenmarkt anstehen, dann sich im Supermarkt in die Kassenschlange reihen, um endlich mit allen Zutaten nach Hause zu hetzen.

Die gute Nachricht: Das müssen Sie auch nicht! Gut essen können Sie trotzdem. Nehmen Sie sich eine halbe Stunde Zeit, blättern Sie durch unser Kochbuch mit den köstlichen 30-Minuten-Rezepten und wählen Sie nach Lust und Laune Ihre Lieblingsgerichte aus. Für heute, morgen, die Wochenend-Gäste. Unser Motto lautet: Minimaler Aufwand bei höchstem Genuss, also schnelle Gerichte, die trotz der geringen Zubereitungszeit etwas Besonderes sind, bei denen das Auge mitisst und sich der Gaumen freut.

Wir haben raffinierte sowie schlichte Zutaten ungewöhnlich kombiniert, mit Gewürzen ein bisschen gezaubert, Garzeiten geschickt für Handgriffe genutzt und Kochmethoden vereinfacht, sodass Sie am Ende nicht länger als eine halbe Stunde am Herd stehen. Und dennoch mit einem gesunden, ausgewogenen Essen belohnt werden. Egal, was es sein soll: ein schnelles Feierabendessen für sich allein oder etwas für den kleinen Hunger zwischendurch; eine warme Suppe, ein frischer Salat. Auch unsere süße Hauptspeisen und die Desserts lassen sich im Handumdrehen für Familie oder Freunde auf den Tisch bringen. Denn wer nur kurz kocht, hat länger Zeit zum Genießen!

Wir wünschen viel Spaß und guten Appetit!

Suppen und Eintöpfe

Für die einen sind Suppen eine eigenständige
Mahlzeit, für die anderen der perfekte Auftakt eines
Essens. Wir haben hier dampfende Eintöpfe,
die von innen wunderbar wärmen, und erfrischend
kalte Süppchen, die an heißen Tagen auch leichte
Sattmacher sind. Ganz gleich, ob herzhaft mit
frischem Gemüse, Fleisch und Kartoffeln oder sämig-
samtig mit dem gewissen Etwas – eins haben alle
gemeinsam: Köchinnen müssen nicht länger als nötig
in der Küche stehen, und heraus kommt am Ende
ein wahrer Löffelhit, der sich sehen lassen kann
und herrlich schmeckt

Zucchinisuppe

MIT INGWER-CROÛTONS

Schnell & einfach: Kokosmilch und Ingwer sorgen in der cremigen Suppe für Exotik.
Die leicht verschärften Brotwürfel dazu sind der Kracher!

ZUTATEN

2 Portionen, vegetarisch

250 g Zucchini
100 g Kartoffeln
1 Zwiebel
1 Knoblauchzehe
20 g Ingwerknolle
300 ml Gemüsefond (Glas)
300 ml Kokosmilch (Dose)
2 Scheiben Toastbrot
Salz
2 EL Sonnenblumenöl
frisch gemahlener Pfeffer
2–3 Stängel Basilikum

— Zucchini putzen, abspülen und in grobe Würfel schneiden. Kartoffeln schälen, abspülen und klein würfeln. Zwiebel und Knoblauch abziehen und hacken. Ingwer schälen und reiben.

— Fond und Kokosmilch aufkochen. Zucchini, Kartoffeln, Zwiebel, Knoblauch und 1 TL geriebenen Ingwer dazugeben. Mit Deckel etwa 12 Minuten kochen lassen.

— Toastbrot in kleine Würfel schneiden. Brotwürfel, den restlichen geriebenen Ingwer und etwas Salz mischen. Das Öl in einer Pfanne erhitzen, die Brotwürfel darin goldbraun braten.

— Suppe mit einem Stabmixer fein pürieren und mit Salz und Pfeffer abschmecken. Basilikum abspülen, trocken tupfen und die Blätter etwas zerzupfen. Suppe anrichten, mit Ingwer-Croûtons und Basilikum bestreuen.

Pro Portion
ca. 495 kcal, E 7 g,
F 41 g, KH 26 g

Kalte Gurkensuppe

MIT GARNELENSPIESS

Wie cool ist das denn? Während die Garnelen in Soja-Sesamöl mit Ingwer marinieren, kommen Gurken, Kräuter, Joghurt und Öl in den Mixer und werden eiskalt serviert

ZUTATEN

3 Portionen

SPIESSE

9 Riesengarnelen (küchenfertig)
20 g Ingwerknolle
2–3 EL Sojasauce
1–2 EL Sesamöl

SUPPE

500 g Salatgurke
je ½ Bund Dill, Minze und
Petersilie
500 g Vollmilch-Joghurt
4 EL Olivenöl
Salz
Pfeffer
Sesamsaat zum Bestreuen

FÜR DIE SPIESSE

— Die Garnelen abspülen und trocken tupfen.

— Ingwer schälen und fein hacken. Ingwer, Sojasauce und Sesamöl verrühren, Garnelen in der Marinade wenden und 10 Minuten ziehen lassen.

FÜR DIE SUPPE

— Die Gurke schälen und in Stücke schneiden. Kräuter abspülen, trocken schütteln und hacken. Alle Suppenzutaten, bis auf 1 EL gehackte Kräuter, im Mixer pürieren. Mit Salz und Pfeffer kräftig abschmecken. Für 5 Minuten in den Tiefkühler stellen.

— Je 3 Garnelen auf lange Holzspieße stecken. Die Spieße in einer großen Pfanne rundherum etwa 3–4 Minuten braten.

— Gekühlte Suppe anrichten, mit Sesam und den restlichen gehackten Kräutern bestreuen. Spieße dazu servieren.

Pro Portion
ca. 380 kcal, E 25 g,
F 26 g, KH 11 g

Fenchelsuppe

MIT RÄUCHERMAKRELE

Eine mitgegarte Kartoffel sorgt für leichte Bindung, Sahne rundet die Anisnote
schön ab. Meerrettich-Frischkäse und Räucherfisch on top, fertig!

ZUTATEN

4 Portionen

600 g Fenchelknollen
1 mittelgroße Kartoffel
1 Schalotte
1 Knoblauchzehe
2 EL Sonnenblumenöl
150 g Schlagsahne
500 ml Brühe
Salz
Pfeffer
125 g geräuchertes Pfeffer-
makrelenfilet
75 g Frischkäse
2 TL Meerrettich aus dem Glas
1 EL Milch

— Fenchel putzen, vierteln, den harten Mittelstrunk herausschneiden und den Fenchel in dünne Streifen schneiden. Das
Grün beiseitelegen. Die Kartoffel schälen, abspülen und in
kleine Würfel schneiden. Schalotte und Knoblauch schälen und
fein hacken.

— Das Öl in einem Topf erhitzen. Kartoffel, Fenchel, Schalotte
und Knoblauch darin anbraten. Mit Sahne und Brühe auf-
füllen und alles mit Deckel 10 Minuten kochen lassen. Die Suppe
mit Salz und Pfeffer würzig abschmecken.

— Makrelenfilet von der Haut schneiden und in Stücke zupfen.
Frischkäse, Meerrettich und Milch verrühren und als Klecks
auf die Suppe geben. Makrelenstücke und Fenchelgrün darauflegen und die Suppe servieren.

Pro Portion
ca. 345 kcal, E 14 g,
F 28 g, KH 11 g

Dazu Baguette

Tomatensuppe
MIT OLIVEN

Genießen Sie die Sommerzeit lieber draußen, diese würzig-fruchtige Suppe hält
Sie nicht davon ab. Im Winter schmeckt sie auch mit Dosentomaten

ZUTATEN

2 Portionen, vegetarisch

1 kg Fleischtomaten
2 große Schalotten
1 große Knoblauchzehe
4 EL Olivenöl
500 ml Gemüsefond (Glas)
Salz
frischer Pfeffer
etwas brauner Zucker
1 EL Pinienkerne
1 EL schwarze Oliven ohne Stein
3 Stängel Basilikum

← Tomaten kreuzweise einritzen, mit kochendem Wasser über-
brühen und 15–20 Sekunden darin ziehen lassen. Kalt abspülen, die Haut abziehen und das Fruchtfleisch grob würfeln. Den
grünen Stielansatz dabei entfernen.

← Schalotten und Knoblauch abziehen und würfeln. Öl erhitzen
und Schalotten und Knoblauch darin andünsten. Tomaten-
stücke dazugeben und 5 Minuten dünsten. Fond dazugießen und
mit Deckel 5 Minuten kochen lassen.

← Suppe mit dem Stabmixer fein pürieren und mit Salz, Pfeffer
und braunem Zucker abschmecken.

← Pinienkerne in einer Pfanne ohne Fett rösten, abkühlen lassen.
Oliven und Kerne grob hacken. Basilikum abspülen, trocknen
und in Stücke zupfen. Oliven, Pinienkerne und Basilikum über
die Suppe streuen und sofort servieren.

Pro Portion
ca. 390 kcal, E 7 g,
F 31 g, KH 20 g

Zuckerschotensuppe

Zarter Starter für ein leichtes Menü: Rasch gar, im Handumdrehen püriert, mit Sahne verfeinert und knackig serviert. Aber gelöffelt wird ganz in Ruhe

ZUTATEN

4 Portionen, als Vorspeise
vegetarisch

1 mehligkochende Kartoffel
(120 g)
1 Schalotte
1 EL Butterschmalz
500–600 ml Gemüsebrühe
250 g TK-Erbsen
150 g Schlagsahne
Salz
frisch gemahlener Pfeffer
1–2 TL milder Essig
50 g Zuckerschoten
4 TL flüssige Schlagsahne

— Kartoffel schälen und würfeln. Schalotte abziehen und hacken. Butterschmalz erhitzen und die Schalotte darin andünsten. Kartoffelwürfel und Gemüsebrühe dazugeben, bei mittlerer Hitze etwa 10 Minuten kochen lassen.

— Erbsen dazugeben und nochmals 5 Minuten kochen lassen. Die Suppe mit dem Stabmixer fein pürieren. Sahne unterrühren und die Suppe mit Salz, Pfeffer und etwas Essig abschmecken.

— Zuckerschoten putzen, abspülen und sehr schräg in dünne, etwa 2 cm lange Streifen schneiden. Die Zuckerschotenstreifen in Salzwasser etwa 1 Minute kochen lassen, dann abgießen.

— Die Suppe in Schalen anrichten, je einen Teelöffel Sahne daraufträufeln und mit Zuckerschotenstreifen bestreuen.

Pro Portion
ca. 235 kcal, E 7 g,
F 16 g, KH 15 g

Olivencremesuppe

MIT SCHINKEN

Geht ruck, zuck und schmeckt echt raffiniert: Kartoffeln und grüne Oliven mit etwas
Wermut und Sahne pürieren, gekochten Schinken dazu, und gut ist's

ZUTATEN

2 Portionen

250 g Kartoffeln
1 kleine Knoblauchzehe
3–4 EL trockener Wermut
(z. B. Noilly Prat) oder etwas
Limettensaft
800 ml Geflügelfond (Glas)
100 g entsteinte grüne Oliven
100 g zarter Kochschinken
Salz
frischer Pfeffer
100 g Schlagsahne

— Kartoffeln schälen, abspülen und klein würfeln. Knoblauch schälen.

— Kartoffeln, Knoblauch, Wermut und Fond in einem Topf aufkochen. Bei mittlerer Hitze mit Deckel etwa 15 Minuten kochen.

— Inzwischen die Oliven abtropfen lassen und sehr fein hacken. Schinken in kleine Würfel schneiden.

— Suppe vom Herd nehmen und mit dem Stabmixer fein pürieren. Topf wieder auf den Herd stellen, die Hälfte der gehackten Oliven unterrühren und die Suppe mit Salz und Pfeffer abschmecken.

— Die Sahne halbsteif schlagen und unter die Suppe rühren. Sofort in vorgewärmten Suppentellern anrichten. Mit Schinkenwürfeln und restlichen Oliven bestreuen.

Pro Portion
ca. 410 kcal, E 23 g,
F 23, KH 25 g

Dazu geröstete
Brotscheiben

Rote-Bete-Suppe

MIT SCHMAND

Ein ganz feiner Farbklecks: Wer die süßlich-erdige, leicht fruchtige Samtsuppe lieber vegetarisch möchte, ersetzt den Kalbsfond durch Gemüsefond oder -brühe

ZUTATEN
4 Portionen

SUPPE
200 g Rote Bete
1 TL Sonnenblumenöl
600 ml Kalbsfond
150 ml Orangensaft
Salz
etwas gemahlener Koriander
gemahlener Pfeffer

SCHMAND
20–30 g Meerrettichstange
oder geriebener Meerrettich
aus dem Glas
100 g Schmand
etwas Schnittlauch zum
Bestreuen

FÜR DIE SUPPE

— Rote Bete schälen und auf einer Gemüsereibe grob raspeln (mit Küchenhandschuhen arbeiten). Das Öl in einem großen Topf erhitzen und die Rote-Bete-Raspel darin andünsten.

— Den Kalbsfond dazugießen und alles aufkochen. Bei kleiner Hitze etwa 8–10 Minuten kochen lassen. Den Orangensaft dazugießen und alles mit dem Stabmixer fein pürieren. Die Suppe mit Salz, Koriander und Pfeffer abschmecken.

FÜR DEN SCHMAND

— Die frische Meerrettichstange schälen und auf einer Reibe fein raspeln. Meerrettich und Schmand verrühren und mit Salz abschmecken.

— Schnittlauch abspülen, trocken schütteln und in Röllchen schneiden. Die Suppe anrichten und mit einem Klecks Meerrettichschmand garnieren. Schnittlauch darüberstreuen und servieren.

Pro Portion
ca. 120 kcal, E 3 g,
F 8 g, KH 9 g

Dazu Baguette

Pilzcremesuppe

MIT PORREE

Parmesan sorgt für Würze und Bindung, Frischkäse für tolle Cremigkeit.
Vegetarier löffeln mit, wenn Rinderbrühe durch Gemüsebrühe ersetzt wird

ZUTATEN

2 Portionen

250 g Champignons
30 g Parmesan-Käse
1 EL Butter
1 EL Mehl
500 ml Rinderfond (Glas)
100 g Frischkäse
Salz
Cayennepfeffer
½ Stange Porree
1 EL Öl
frisch gemahlener Pfeffer

— Pilze mit Küchenkrepp abreiben, die Stiele abschneiden und die Pilze kleiner schneiden. Parmesan fein reiben.

— Butter in einem Topf erhitzen und die Pilze darin etwa 3 Minuten unter Rühren anbraten. Mehl darüberstreuen und kurz mitbraten. Fond unter Rühren dazugießen, aufkochen und etwa 10 Minuten kochen lassen. Zum Schluss Frischkäse und Parmesan einrühren und darin erhitzen, nicht mehr kochen lassen. Die Suppe mit Salz und Cayennepfeffer abschmecken.

— Den Porree putzen, abspülen und in sehr feine Streifen schneiden. Das Öl in einer Pfanne erhitzen und die Streifen bei starker Hitze darin goldbraun braten. Eventuell auf Küchenkrepp abtropfen lassen. Die Porreestreifen und etwas Pfeffer auf die Suppe streuen und sofort servieren.

Pro Portion
ca. 400 kcal, E 19 g,
F 32 g, KH 8 g

Kartoffeleintopf
MIT WÜRSTCHEN

So schnell können Sattmacher fertig sein: Suppengrün und
Kartoffeln einfach in der Brühe stampfen und mit Wiener Würstchen servieren.
Der Clou dazu ist Petersiliensahne

ZUTATEN

4 Portionen

1 Bund Suppengrün
750 g mehligkochende Kartoffeln
2 EL Butterschmalz
750 ml Rinderbrühe (Instant)
1–2 Lorbeerblätter
1 Bund glatte Petersilie
150 g Schlagsahne
Salz
frisch gemahlener Pfeffer
4 Paar Wiener Würstchen
(am besten Bio)

— Das Suppengrün putzen, abspülen und in kleine Würfel schneiden. Kartoffeln schälen, abspülen und ebenfalls würfeln.

— Das Butterschmalz in einem großen Topf erhitzen und Suppengrün- und Kartoffelwürfel darin anbraten. Brühe und Lorbeer dazugeben und alles zugedeckt 15–20 Minuten kochen lassen.

— Inzwischen die Petersilie abspülen, trocken schütteln, die Blätter von den Stielen zupfen und grob hacken. Petersilie und Sahne in einem hohen Mixbecher mit dem Stabmixer fein pürieren.

— Kartoffeln und Gemüse mit einem Kartoffelstampfer in der Brühe grob zerdrücken. Eintopf mit Salz und Pfeffer abschmecken.

— Würstchen im Eintopf erhitzen. Petersiliensahne dazureichen oder als Klecks auf den Eintopf geben.

Pro Portion
ca. 605 kcal, E 20 g,
F 46 g, KH 28 g

Kichererbsen-Paprika-Eintopf

Gut gegen Fernweh: Kichererbsen, Lauchzwiebeln und Speck kurz
in Kokosmilch gegart und mit Koriander serviert

ZUTATEN

4 Portionen

2 rote Paprikaschoten
2 Lauchzwiebeln
2 Dosen Kichererbsen
(à 425 g Abtropfgewicht)
1 Bund Koriander
1 EL Butter
50 g geräucherter durch-
wachsener Speck in Würfeln
100 g TK-Erbsen
je 300 ml Gemüsebrühe und
Kokosmilch
2 EL Zitronensaft
feines Meersalz
frisch gemahlener Pfeffer

— Paprikaschoten vierteln, entkernen, abspülen und in Stücke
schneiden. Lauchzwiebeln putzen, abspülen und klein schneiden.
Kichererbsen in ein Sieb geben, kurz abspülen und abtropfen
lassen. Koriander abspülen, trocken tupfen, die Blättchen abzupfen und fein hacken.

— Die Butter in einer Pfanne erhitzen. Paprika, Lauchzwiebeln
und Speckwürfel darin andünsten. Kichererbsen, Erbsen, Brühe,
Kokosmilch und Zitronensaft dazugeben. Alles aufkochen und
etwa 5 Minuten bei kleiner Hitze köcheln lassen. Koriander unterrühren und den Eintopf mit Salz und Pfeffer abschmecken.

 Pro Portion
ca. 515 kcal, E 22 g,
F 26 g, KH 47 g

 Dazu Kastenweißbrot

Tipp

Den Speck weglassen und ein
bisschen mehr Gemüse in den Eintopf
geben, und schon ist das Gericht
vegetarisch.

Marokkanischer Lamm-Tomaten-Eintopf

Kulinarischer Orient-Express: Die besondere Note gibt Ras el Hanout –
die Gewürzmischung Nordafrikas aus Koriander, Ingwer, Kumin, Kurkuma und mehr.
Schmeckt auch zu Couscous- und Reisgerichten

ZUTATEN

2 Portionen

300 g ausgelöster Lammrücken
100 g grüne Bohnen (evtl. TK)
200 g Kirschtomaten
2 große Zwiebeln
2 EL Butterschmalz
½ TL Ras el Hanout (oriental. Gewürzmischung)
Salz
Pfeffer
1 Dose stückige Tomaten (400 ml Einwaage)
Zucker
4–6 Stängel Thymian

— Fleisch abspülen, trocknen, in 1–2 cm große Stücke schneiden. Bohnen putzen, abspülen, durchbrechen. Tomaten abspülen, halbieren, dabei den grünen Stängelansatz herausschneiden. Zwiebeln schälen, grob würfeln.

— Butterschmalz erhitzen, Zwiebelwürfel darin anbraten. Fleisch dazugeben und unter Wenden kräftig anbraten. Ras el Hanout darüberstreuen und kurz anbraten. Mit Salz und Pfeffer würzen.

— Bohnen und Dosentomaten dazugeben. Zugedeckt bei mittlerer Hitze etwa 10 Minuten schmoren.

— Kirschtomaten zufügen und einmal aufkochen. Eintopf mit Salz, Pfeffer, Ras el Hanout und einer Prise Zucker abschmecken. Thymian abspülen, trocken tupfen und die Blätter darüberstreuen.

Pro Portion
ca. 350 kcal, E 34 g,
F 18 g, KH 12 g

Dazu Couscous

Kartoffel-Kürbis-Eintopf

Schnelles Veggie-Glück: Während das Gemüse gart, bleibt genug Zeit,
um mal eben Petersilie und Kürbiskerne mit Öl zu einem
aromatischen Pesto zu mixen

ZUTATEN

2 Portionen, vegetarisch

EINTOPF

400 g festkochende Kartoffeln
300 g Hokkaido-Kürbis
1 Zwiebel
1 EL Butter
Salz und Pfeffer
frisch geriebene Muskatnuss
1 kleines Lorbeerblatt
500 ml Gemüsebrühe

KÜRBISKERN-PESTO

3 Stiele glatte Petersilie
20 g Kürbiskerne
Salz
4 EL Öl

FÜR DEN EINTOPF

— Kartoffeln schälen und abspülen. Kürbis abspülen, vierteln und entkernen. Kartoffeln und Kürbis in etwa 1,5 cm große Stücke schneiden. Zwiebel abziehen und klein würfeln.

— Butter in einem Topf erhitzen. Zwiebel, Kartoffeln und Kürbis darin andünsten. Mit Salz, Pfeffer und Muskat würzen und das Lorbeerblatt dazugeben. Brühe dazugießen, aufkochen und 15–20 Minuten mit halb geöffnetem Deckel bei mittlerer Hitze kochen lassen.

FÜR DAS KÜRBISKERN-PESTO

— Die Petersilienblätter abzupfen, abspülen und grob hacken. Kürbiskerne in einer Pfanne ohne Öl rösten. Petersilie, Kürbiskerne, Salz und Öl in einem schmalen Messbecher mit dem Stabmixer grob pürieren.

— Etwa 1–2 EL Kürbiskern-Pesto in den Eintopf rühren. In tiefen Tellern anrichten. Das restliche Kürbiskern-Pesto dazu servieren.

Pro Portion
ca. 510 kcal, E 9 g,
F 37 g, KH 35 g

Salate

Eine Schüssel voll knackfrischer Salate, gekrönt
von raffinierten Dressings, ist einfach unwiderstehlich –
und mittlerweile das ganze Jahr über ein echtes
Highlight. Dabei reden wir nicht von ein paar grünen
Blättern, Tomaten und Vinaigrette. Gesellen sich
gebratenes Gemüse oder Fleisch, Lieblingskäse, Nüsse,
Couscous oder Reis dazu, wird aus der Beilage
im Nu eine richtige Mahlzeit. Und wer Salate immer
noch mit großem Schnippeln verbindet, sollte
unbedingt unsere Rezepte probieren – und wird seine
helle Freude haben

Spargelsalat

MIT EI

Viel mehr als nur ein Grünzeug: Schon das cremig-fruchtige Dressing
aus Sahnejoghurt, Aprikosenkonfitüre mit leichter Senfschärfe bringt Spargel,
Ei und Blattsalate groß raus

ZUTATEN
2 Portionen, vegetarisch

4 Eier
2 EL Sonnenblumenkerne
500 g grüner Spargel
Salz
100 g gemischte Babyleaf-
Salatblätter
100 g Sahnejoghurt oder
griechischerJoghurt
1 EL Olivenöl
1–2 TL Aprikosenkonfitüre
1–2 TL mittelscharfer Senf
1–2 EL Zitronensaft
frisch gemahlener Pfeffer

— Eier in Wasser 8 Minuten kochen. Sonnenblumenkerne in einer Pfanne ohne Fett anrösten.

— Spargel abspülen, am unteren Drittel schälen, Enden abschneiden. Stangen einmal längs halbieren und quer dritteln. Etwas Salzwasser aufkochen und die Spargelstücke darin etwa 1 Minute vorkochen. Abtropfen lassen.

— Eier abgießen, kalt abspülen und schälen. Eier halbieren oder vierteln. Salatblätter abspülen und trocken schleudern.

— Joghurt, Öl, Konfitüre, Senf und Zitronensaft glatt rühren. Mit Salz und Pfeffer würzen. Wenn die Sauce sehr dickflüssig ist, noch etwas Wasser unterrühren.

— Salatblätter, Spargel und Eier auf Tellern anrichten. Mit Sonnenblumenkernen bestreuen und die Sauce darüberträufeln.

Pro Portion
ca. 415 kcal, E 24 g,
F 31 g, KH 11 g

Dazu Baguette

Salsiccia

MIT SALAT

Frischer Fenchel-Apfel-Salat mit feiner Anisnote wird mit pikanten italienischen
Würstchen aus der Pfanne eine schnelle Sattmachermahlzeit

ZUTATEN

2 Portionen

1 kleine Fenchelknolle (300 g)
Salz
Pfeffer
1 TL Senf
1 EL heller Balsamessig
3 EL Maracuja-Nektar
2–3 EL Öl
½ rote Zwiebel
1 Bund glatte Petersilie
1 grüner Apfel
6 Salsiccia-Würste à 50 g (ital.
Fenchelbratwurst; oder grobe
Bratwurst)
Butterschmalz zum Braten

— Fenchel putzen, abspülen, halbieren, Strunk keilförmig herausschneiden. Fenchel in ganz dünne Scheiben schneiden und
salzen.

— Senf, Essig und Nektar verrühren. Öl in feinem Strahl dazugießen und dabei mit einer Gabel unterschlagen. Salatsauce
mit Salz und Pfeffer abschmecken.

— Zwiebel schälen und in feine Streifen schneiden. Petersilie
abspülen, trocken schütteln und grob hacken. Apfel abspülen,
trocknen, entkernen. Das Fruchtfleisch in Streifen schneiden.

— Fenchel in ein Sieb geben, abspülen und auf Küchenkrepp
abtropfen lassen. Alle Salatzutaten mit der Salatsauce mischen.

— Die Würste in einer beschichteten Pfanne in wenig Fett bei
mittlerer Hitze unter Wenden etwa 10 Minuten langsam braun
anbraten. Mit dem Salat servieren.

Pro Portion
ca. 670 kcal, E 29 g,
F 55 g, KH 17 g

Dazu geröstetes
Ciabatta-Brot

Gebratene Austernpilze

Veggies vor! Mit Knoblauch gebraten und mit Traubensaft und Balsamico
abgelöscht, werden Austernpilze im Handumdrehen
zu würzigem Fleischersatz

ZUTATEN

2 Portionen, vegetarisch

150 g Austernpilze
1 kleine Knoblauchzehe
2 EL Olivenöl
Salz
frisch gemahlener Pfeffer
2 EL Traubensirup (Vin Cotto;
ersatzweise Ahornsirup)
2 EL alter Balsamessig
3 Stängel Oregano

— Die Pilze mit einem Pinsel oder Küchenkrepp putzen und eventuell etwas kleiner schneiden. Knoblauch abziehen und fein hacken.

— Das Öl in einer großen Pfanne erhitzen. Den gehackten Knoblauch darin andünsten, dann die Pilze dazugeben und von beiden Seiten anbraten. Austernpilze mit Salz und Pfeffer würzen.

— Traubensirup und Essig zu den Pilzen in die Pfanne geben. Alles in der Pfanne gut schwenken.

— Oregano abspülen, trocken schütteln, die Blätter abzupfen und grob hacken. Den gehackten Oregano über die Pilze streuen. Am besten noch warm servieren.

Pro Portion
ca. 185 kcal, E 2 g,
F 12 g, KH 17 g

Dazu kleine
Pizzabrötchen

Filo-Schalen

MIT KRÄUTERSALAT

Da bleibt nichts übrig: Spinat und Kräuter, Käse und Himbeeren werden in
Teig-Schälchen serviert, die zum Schluss aufgeknuspert werden dürfen

ZUTATEN

4 Portionen, als Vorspeise
vegetarisch

20 g Butter
100 g Filoteigblätter
50 g junge Spinatblätter
½ Bund Estragon
½ Bund Dill
50 g Gouda-Käse
1 TL Aprikosenkonfitüre
1 ½ EL milder Weißweinessig
3 EL Rapskernöl
Salz und Pfeffer
75 g Himbeeren
Fett für die Förmchen

— Den Backofen auf 200 Grad, Umluft 180 Grad, Gas Stufe 4
vorheizen.

— Butter schmelzen. Teigblätter ausbreiten und die Hälfte mit
Butter bestreichen. Übrige Blätter darauflegen. Daraus 12 Qua-
drate à 10 cm Länge schneiden.

— Teigquadrate in 12 gefettete Mulden eines Muffin-Bleches
geben, gut andrücken und im Ofen 4–5 Minuten goldbraun
backen.

— Inzwischen Spinat und Kräuter abspülen und etwas kleiner
zupfen. Käse grob raspeln.

— Konfitüre, Essig und Öl verrühren, mit Salz und Pfeffer würzen. Sauce, Spinat und Kräuter mischen.

— Schalen zuerst mit ¾ vom Käse füllen. Dann Salat, Himbeeren und den restlichen Käse hineingeben. Sofort servieren,
damit die Schalen nicht durchweichen.

Pro Portion
ca. 270 kcal, E 6 g,
F 19 g, KH 17 g

Asiatischer Rindfleischsalat

In der Kürze liegt die Würze: Kurz gebratenes Beefsteak und Gemüsestreifen bekommen mit Chili-Soja-Dressing, Sesam und Koriander den Garküchenpfiff

ZUTATEN

2 Portionen

200 g Beefsteak
2 EL Sojasauce
1 EL Öl
3 EL Fleischbrühe (Instant)
1–2 EL süß-scharfe Chilisauce
1 TL geröstetes Sesamöl
1 mittelgroße Möhre
100 g Bambusschößlinge (Dose)
1 Lauchzwiebel
einige Korianderblättchen
Salz
½ TL geröstete geschälte Sesamsaat

— Beefsteak trocken tupfen und mit etwas Sojasauce bestreichen. Öl in einer Pfanne erhitzen und das Fleisch von jeder Seite 2–3 Minuten braten. Abkühlen lassen.

— Flüssige Brühe, Chili- und restliche Sojasauce verrühren. Sesamöl mit einer Gabel unterschlagen.

— Möhre schälen und in feine 5 cm lange Streifen schneiden. In wenig Salzwasser 1–2 Minuten kochen, dann abtropfen lassen. Bambusschößlinge abtropfen, Lauchzwiebel putzen. Beides in feine Streifen schneiden.

— Lauchzwiebel-, Möhren- und Bambusstreifen mischen und auf einer kleinen Platte anrichten.

— Steak in dünne Streifen schneiden und auf das Gemüse legen. Die Sauce darüberträufeln und zum Schluss mit Koriander und Sesam bestreuen.

 Pro Portion
ca. 260 kcal, E 24 g,
F 15 g, KH 8 g

 Dazu Baguette oder
Wok-Nudeln

Thailändischer Gemüsesalat

Anstatt groß Garnelen zu braten, mischen Sie nur Nordseekrabben unter die knackige Rohkost. Erdnüsse und Koriander sorgen dennoch für Asia-Geschmack

ZUTATEN

2 Portionen

300 g Möhren
150 g Kohlrabi
1 kleines Bund Koriander
1 rote Pfefferschote (Peperoni)
1 Knoblauchzehe
1 EL brauner Zucker
2 Tomaten
3 EL Sojasauce
2 EL Limettensaft
50 g Nordseekrabbenfleisch
1 EL gesalzene, geröstete Erdnusskerne

— Möhren und Kohlrabi schälen, eventuell abspülen und auf einer Küchenreibe grob raspeln. Koriander abspülen, trocken schütteln und die Blätter grob hacken.

— Die Pfefferschote halbieren, putzen, abspülen und grob hacken. Knoblauch abziehen und ebenfalls hacken. Pfefferschote, Knoblauch und Zucker in einem Mörser fein zerstampfen.

— Tomaten abspülen, vierteln und würfeln. Tomatenwürfel, Sojasauce, Limettensaft und die gestampfte Gewürzmischung verrühren.

— Möhren- und Kohlrabiraspel, die Sauce mit den Tomatenwürfeln, Krabbenfleisch und gehacktem Koriander mischen. Erdnüsse kurz vor dem Servieren über den Salat streuen. Etwas Sojasauce extra dazu servieren.

Pro Portion
ca. 185 kcal, E 11 g,
F 6 g, KH 20 g

Dazu Basmati-Reis

Wurstsalat

MIT RETTICH

Zünftig feiern wie die Bayern: Der Klassiker aus Fleischwurst, Zwiebeln und Rettich mit Kapern ist nicht nur im Biergarten ein begehrtes Schmankerl

ZUTATEN

2 Portionen

300 g Fleischwurst
2 kleine rote Zwiebeln
150 g weißer Rettich
3–4 EL milder Weißweinessig
1 TL flüssiger Honig
2–3 EL Sonnenblumenöl
Salz
frisch gemahlener Pfeffer
1–2 EL kleine Kapern
2–3 Stängel glatte Petersilie

— Die Fleischwurst aus der Pelle lösen und in dünne Scheiben schneiden. Die Zwiebeln abziehen und in feine Ringe schneiden. Den Rettich schälen, längs halbieren und ebenfalls in dünne Scheiben schneiden.

— Essig, Honig und Öl mit einem Schneebesen verrühren und die Marinade mit Salz und Pfeffer würzen. Die Fleischwurst, Zwiebeln, Rettich und Kapern vorsichtig daruntermischen.

— Petersilie abspülen, trocken schütteln und die Blätter grob hacken. Petersilie unter den Salat mischen und nochmals mit Salz, Pfeffer und Essig abschmecken.

Pro Portion
ca. 680 kcal, E 23 g,
F 63 g, KH 5 g

Dazu Laugenbrezel

Orangensalat

Macht wenig Arbeit und was her: Der Clou bei diesem würzigen Mix mit
Zwiebeln und Oliven ist die gratinierte Kruste aus Speck und Brot

ZUTATEN
4 Portionen

SALAT

1 kg Orangen
1 große rote Zwiebel
100 g entsteinte schwarze Oliven
1 kleiner Endiviensalat oder
ca. 150 g Pflücksalat
1 Baguette-Brötchen
50 g dünn geschnittener Lardo
(italienischer fetter weißer
Kräuterspeck)

SAUCE

2 TL süßer Senf
5 EL frisch gepresster
Orangensaft
4 EL Olivenöl
½ TL zerdrückte rosa Pfefferbeeren
Meersalz

FÜR DEN SALAT

— Die Orangen so dick schälen, dass die weiße Haut vollständig
mit entfernt wird. Orangen mit einem scharfen Messer in
Scheiben schneiden und auf eine große Platte legen. Den Orangensaft dabei auffangen.

— Zwiebel abziehen und in feine Ringe schneiden. Oliven
in Scheiben schneiden oder grob hacken. Salat putzen,
abspülen und trocken schleudern. Blätter in mundgerechte
Stücke zupfen.

— Salat und Zwiebeln auf den Orangenscheiben anrichten und
mit den Oliven bestreuen.

— Das Brötchen in 12 Scheiben schneiden und mit Lardoschei-
ben belegen. Unter dem vorgeheizten Grill oder im heißen
Backofen auf höchster Stufe kurz übergrillen. Dabei aufpassen:
Brot und Speck verbrennen sehr schnell.

FÜR DIE SAUCE

— Aus Senf, Orangensaft, Olivenöl, Pfefferbeeren und Salz eine
Vinaigrette rühren und kurz vor dem Servieren über den Salat
träufeln.

— Die gerösteten Baguettescheiben dazu servieren.

Pro Portion
ca. 470 kcal, E 6 g,
F 33 g, KH 35 g

Tipps

Wenn Sie Lardo im Stück kaufen,
am besten vor dem Schneiden in den
Tiefkühler legen. Gleiches gilt fürs
Brötchen. Beides lässt sich so dünner
schneiden.

Vegetarisch wird's, wenn das
Baguette mit Parmesan statt mit
Lardo überbacken wird.

Wintersalat

MIT MOZZARELLA UND ORANGEN

Liefert schnell und zuverlässig Vitamine auch bei Eis und Schnee. Für eine Extraportion sorgt die Vinaigrette mit frisch gepresstem Orangensaft

ZUTATEN

2 Portionen, vegetarisch

2 ½ Orangen
5 EL milder Weißweinessig
1 TL Honig
100 g Feldsalat
100 g Treviso-Salat oder Radicchio
2 EL Pinienkerne
125 g Büffel-Mozzarella
3 EL Olivenöl
Salz
frisch gemahlener Pfeffer

— 2 Orangen so dick schälen, dass die weiße Haut vollständig mit entfernt wird. Die Filets mit einem scharfen Messer auslösen, dabei den Saft auffangen. Die restliche halbe Orange auspressen.

— Orangensaft, Essig und Honig bei starker Hitze etwa 3 Minuten sirupartig einkochen, dann abkühlen lassen.

— Blattsalate putzen, abspülen, trocken schütteln und kleiner zupfen. Pinienkerne in einer Pfanne ohne Fett anrösten. Herausnehmen und abkühlen lassen. Mozzarella abtropfen lassen und grob würfeln.

— Blattsalate, Mozzarella, Pinienkerne und Orangenfilets auf Tellern anrichten. Orangenessig und Olivenöl darüberträufeln und mit Salz und Pfeffer würzen. Sofort servieren.

Pro Portion
ca. 455 kcal, E 16 g,
F 35 g, KH 16 g

Dazu Baguette

Linsensalat

Wie gut, dass es rote Linsen gibt: Sie sind ruck, zuck gar, lassen sich toll mit
Feldsalat und Tomaten kombinieren und machen Eilige satt und selig

ZUTATEN

2 Portionen, vegetarisch

100 g rote Linsen
100 g Feldsalat
2 Tomaten
1 Schalotte
8 Stiele krause Petersilie
2 EL Weißweinessig
Salz
frisch gemahlener Pfeffer
1–2 TL Zucker
5 EL Rapskernöl

— Linsen in einem Sieb gründlich abspülen. In reichlich kochendem Wasser bei mittlerer Hitze 10–15 Minuten knapp gar kochen. Abgießen, kalt abspülen und gut abtropfen lassen.

— Feldsalat putzen, abspülen und trocken schleudern. Tomaten abspülen, vierteln, entkernen (Kerne und Saft aufheben) und das Fruchtfleisch in Streifen schneiden. Schalotte abziehen und fein würfeln. Petersilie abspülen und die Blätter hacken.

— Tomatenkerne und -saft, Essig, Salz, Pfeffer, Zucker und Schalottenwürfel verrühren. Das Öl nach und nach unterrühren.

— Linsen, Tomaten, Petersilie und Vinaigrette mischen, eventuell mit Salz und Pfeffer nachwürzen. Feldsalat in tiefe Teller geben und den Linsensalat darauf anrichten. Sofort servieren.

Pro Portion
ca. 470 kcal, E 14 g,
F 31 g, KH 34 g

Dazu Schwarzbrot

Couscoussalat

MIT GRANATAPFEL UND MINZE

Von Vorteil: Bei uns ist der nordafrikanische Hartweizengrieß Couscous meist vorgekocht zu haben, muss nur überbrüht werden und quillt wie der Blitz

ZUTATEN

2 Portionen, vegetarisch

150 g Couscous (vorgekochter
Couscous aus der Packung)
270 ml Gemüsebrühe
4–5 EL Zitronensaft
1 TL Ras el Hanout (oriental.
Gewürzmischung)
200 g Feta-Käse
1 Granatapfel
1 gelbe Paprikaschote
1–2 EL Kürbiskerne
1 Bund Minze
2 EL Olivenöl
Salz

— Couscous in eine Schüssel geben. Die Brühe kurz aufkochen und mit Zitronensaft und Ras el Hanout mischen. Die Brühemischung über den Couscous gießen. Etwa 8 Minuten quellen lassen und gelegentlich mit einer Gabel etwas durchrühren und lockern.

— Den Feta-Käse abtropfen lassen und in Scheiben schneiden. Granatapfel aufschneiden und die Kerne herauslösen. Paprika vierteln, putzen und abspülen. Die Paprikaviertel in kleine Würfel schneiden.

— Kürbiskerne in einer Pfanne ohne Fett kurz rösten. Die Minze abspülen, trocken schütteln und die Blätter grob abzupfen.

— Granatapfelkerne, Paprikawürfel, Kürbiskerne, Olivenöl und Minze unter den Couscous rühren und mit Salz, Zitronensaft und Ras el Hanout abschmecken. Couscous-Salat und Feta auf Tellern anrichten.

Pro Portion
ca. 720 kcal, E 30 g,
F 35 g, KH 72 g

Tomatensalat

MIT OLIVENSTREUSELN

Streusel erfreut nicht nur auf süßen Kuchen! Mit Knoblauch und schwarzen Oliven kurz gebacken, macht sich der wunderbar würzige Knusperteig auch auf Tomaten neue Freunde

ZUTATEN
4 Portionen

STREUSEL
40 g schwarze Oliven ohne Stein
1 Knoblauchzehe
100 g Mehl
50 g Butter
Salz

SALAT
800 g Tomaten (verschiedene Sorten)
frisch gemahlener Pfeffer
4 EL Olivenöl
100 g Pancetta (ital. Bauchspeck)
Basilikumblätter

— Den Backofen auf 200 Grad, Umluft 180 Grad, Gas Stufe 4 vorheizen.

FÜR DIE STREUSEL
— Oliven abtropfen lassen und grob hacken. Knoblauch abziehen und hacken. Mehl, Butter, Salz, Oliven und Knoblauch zu Streuseln verkneten. Auf einem mit Backpapier ausgelegtem Backblech im Ofen 10–12 Minuten goldbraun backen. Auskühlen lassen.

FÜR DEN SALAT
— Tomaten abspülen, trocknen und in dünne Scheiben schneiden. Dabei den Stängelansatz herausschneiden.

— Tomatenscheiben auf eine Platte legen. Mit Salz und Pfeffer würzen und mit Olivenöl beträufeln.

— Streusel, Pancetta und Basilikum daraufgeben und servieren.

Pro Portion
ca. 385 kcal, E 9 g,
F 29 g, KH 23 g

Dazu Ciabatta

Schneidebohnensalat

MIT BACON

Die fantastischen Vier: leicht bitterer Radicchio, herzhafter Speck und
nussiges Dressing sind die perfekten Partner für bissfest gegarte Bohnen

ZUTATEN

2 Portionen

400 g breite Schneidebohnen
Salz
2 Lauchzwiebeln
1 kleiner Kopf Radicchio-Salat
2–3 EL milder Weißweinessig
1–2 TL flüssiger Honig
frischer Pfeffer
3 EL gutes Walnussöl
150 g Bacon (Frühstücksspeck;
am besten Bioqualität)

— Bohnen putzen, abspülen und schräg in etwa 3 cm lange Stücke schneiden. In Salzwasser etwa 8 Minuten kochen. Abgießen und sofort in eiskaltes Wasser geben. Dann abtropfen lassen.

— Lauchzwiebeln putzen, abspülen und in Ringe schneiden. Radicchio putzen, abspülen und trocken schleudern. Die Blätter in grobe Stücke zupfen.

— Essig, Honig, Salz und Pfeffer mit einem Schneebesen verrühren. Das Walnussöl unterrühren und die Sauce abschmecken.

— Bacon in einer Pfanne ohne Fett knusprig braten. Auf Küchenkrepp abtropfen lassen.

— Bohnen und die Marinade mischen. Salatblätter auf 2 Teller verteilen und den Bohnensalat darauf anrichten. Lauchzwiebelringe darüberstreuen und mit den knusprigen Speckscheiben belegen.

Pro Portion
ca. 535 kcal, E 18 g,
F 45 g, KH 14 g

Waldorfsalat

Wir lieben den Klassiker aus dem New Yorker Hotel Waldorf Astoria mit zitrusfrischem Saure-Sahne-Dressing und toppen ihn leicht verschärft mit rosa Pfeffer

ZUTATEN

2 Portionen, vegetarisch

50 g Delikatess-Mayonnaise (80 %)
100 g saure Sahne
1–2 EL Zitronensaft
250 g Knollensellerie
1 kleiner süß-saurer Apfel
(z. B. Cox Orange)
Salz
frisch gemahlener Pfeffer
30 g Walnusskerne
1–2 TL rosa Pfefferbeeren

— Mayonnaise, saure Sahne und Zitronensaft verrühren. Die Sellerieknolle schälen, abspülen und in sehr feine Streifen schneiden.

— Den Apfel abspülen, vierteln und das Kerngehäuse herausschneiden. Die Apfelviertel in dünne Spalten schneiden und zusammen mit dem Sellerie und der verrührten Mayonnaise mischen.

— Den Salat mit Salz und Pfeffer abschmecken und auf Tellern anrichten. Zum Schluss mit Walnusskernen und rosa Pfefferbeeren bestreuen.

Pro Portion
ca. 425 kcal, E 6 g,
F 36 g, KH 19 g

Dazu kräftiges Bauernbrot
und gesalzene Butter

Reissalat

MIT AVOCADO UND GURKE

Schnell gemacht, super Effekt: Das Dressing mit Ingwer und Reisessig
gibt dem Salat in Windeseile frisches Asia-Aroma, Koriander und Pfefferschote
dürfen da natürlich auch nicht fehlen

ZUTATEN

3 Portionen, vegetarisch

1 Packung Express-Basmati-
Reis (250 g)
150 g TK-Erbsen
Salz
1 Mini-Gurke
1 reife Avocado
1–2 EL Zitronensaft
½ rote Pfefferschote
50 g Ingwerknolle
4 EL Reisessig
3 EL Sonnenblumenöl
½–1 TL Zucker
frischer Pfeffer
½ Bund Koriander

— Reis nach Packungsanweisung zubereiten und abkühlen
lassen.

— Gefrorene Erbsen mit kochendem Wasser übergießen, salzen
und 5 Minuten stehen lassen. Gurke abspülen und in feine
Scheiben hobeln. Erbsen abgießen.

— Avocado halbieren, den Stein entfernen, das Fruchtfleisch
schälen und in Spalten schneiden. Mit Zitronensaft beträufeln.
Pfefferschote entkernen und das Fruchtfleisch in feine Ringe
schneiden.

— Ingwer schälen und fein würfeln. Mit Reisessig, Öl, 2 EL
Wasser und Zucker verrühren. Die Hälfte davon über den Reis
geben, gut mischen.

— Gurke, Avocado und Erbsen unter den Reis heben und mit
Salz und Pfeffer abschmecken. Koriander abspülen und trock-
nen. Abgezupfte Blätter und Pfefferschote über den Salat streuen.
Die restliche Sauce dazu servieren.

Pro Portion
ca. 440 kcal, E 8 g,
F 29 g, KH 37 g

Dazu Stremellachs

Rote-Bete-Tomaten-Salat

Auf die Knolle kommt es an: Nur die kleinen, jungen Rote Bete-Kugeln garen schnell.
Wer keine bekommt, greift zu vorgegartem und vakuumverpacktem Gemüse

ZUTATEN

2 Portionen, vegetarisch

3 kleine Rote Bete à 60 g
Salz und Pfeffer
½ Radicchio-Salat
3 Tomaten à 100 g
3 getrocknete Soft-Feigen
3 EL Obstessig
3 EL flüssige Gemüsebrühe
3–4 EL Öl
1 ½ TL Honig
4–6 Walnusskerne
100 g Feta-Käse
2 Stiele Basilikum

— Rote Bete abspülen und in kochendem Salzwasser etwa 15 Minuten knapp gar kochen. Abgießen und etwas abkühlen lassen.

— Inzwischen Radicchio putzen, abspülen und die Blätter kleiner zupfen. Tomaten abspülen, trocken tupfen und in Spalten schneiden, den Stielansatz dabei entfernen. Feigen klein schneiden.

— Essig, Brühe, Salz, Pfeffer, Öl und Honig verrühren.

— Rote Bete schälen (am besten mit Küchenhandschuhen) und in Spalten oder Scheiben schneiden.

— Tomaten, Radicchio, Rote Bete und Feigen mit der Vinaigrette mischen und auf Tellern anrichten. Walnusskerne grob hacken, Käse zerbröckeln. Basilikumblätter abspülen und von den Stielen zupfen. Nüsse, Feta und Basilikum über den Rote-Bete-Salat streuen.

Pro Portion
ca. 475 kcal, E 16 g,
F 33 g, KH 30 g

Raukesalat

MIT FALAFEL UND AIOLI

Das wäre doch gelacht: Die Kichererbsenbällchen machen Sie mit links,
der Knoblauchmayo verpassen Sie eine Anisnote und noch mehr Cremigkeit –
schon haben Sie Salatgeschichte geschrieben, zumindest im Freundeskreis

ZUTATEN
4 Portionen, vegetarisch

FALAFEL
1 Paket Falafel-Bratmix (150 g)
Sonnenblumenöl zum Ausbacken

AIOLI
100 g fertige Aioli
100 g griechischer Joghurt (10 %)
2 EL Pernod (franz. Anisschnaps)
100 ml Buttermilch
schwarzer Pfeffer
feines Meersalz
Zucker

SALAT
600 g grüne Brechbohnen
1 Bund Rauke
2–3 Handvoll küchenfertige
Blattsalate
5–6 Radieschen

FÜR DIE FALAFEL
— Die Falafel nach Packungsanweisung zubereiten.

FÜR DIE AIOLI
— Aioli, Joghurt, Pernod und Buttermilch glatt rühren und mit
Pfeffer, ein wenig Salz und Zucker abschmecken.

FÜR DEN SALAT
— Bohnen abspülen und putzen. In siedendem Salzwasser
7–8 Minuten kochen. Kalt abspülen, abtropfen lassen.

— Von der Rauke die Stiele abschneiden. Rauke und Blattsalate
verlesen, abspülen und trocken schleudern. Radieschen abspülen, trocken tupfen und in feine Scheiben schneiden.

— Salat, Bohnen, Radieschen und Falafel anrichten und kurz
vor dem Servieren mit der Aioli beträufeln.

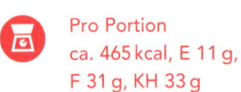

Pro Portion
ca. 465 kcal, E 11 g,
F 31 g, KH 33 g

Kleine Gerichte

Die nächste Party kommt bestimmt, auch der
unverhoffte Besuch von guten Freunden,
und manchmal knurrt schon nachmittags der Magen.
Gelegenheiten gibt es jedenfalls genug, um schnell
ein paar Leckerbissen zuzubereiten, mit denen Sie
Gäste verwöhnen oder sich einfach selbst etwas Gutes
tun können. Von amerikanischen Burgern bis
zu mexikanischen Tacos, von lockeren Puffern bis zu
köstlichen Schnittchen. Manchmal ist weniger
einfach mehr – und schneller fertig, als der
Lieferservice da sein kann

Matjes-Häckerle auf Schwarzbrot

Gastfreundliche Schnittchen: Matjes, Zwiebel, Ei und Gurke sind
rasch auf kräftigem Schwarzbrot verteilt und noch schneller verputzt.
Sie als Gastgeberin bleiben entspannt

ZUTATEN

6 Scheiben

1 Ei
3 milde Matjesfilets à 60 g
1 kleine rote Zwiebel
50 g Salatgurke
½ Bund Schnittlauch
1 TL körniger Senf
frisch gemahlener Pfeffer
ein Spritzer Zitronensaft
6 kleine Scheiben kräftiges
Schwarzbrot
30–40 g weiche Butter zum
Bestreichen

— Das Ei in Wasser 10 Minuten hart kochen, dann in kaltes
Wasser legen und abkühlen lassen.

— Matjesfilets abspülen, mit Küchenkrepp trocken tupfen und in
etwa 3 mm große Würfel schneiden. Die Zwiebel abziehen und
ebenfalls klein würfeln.

— Gurke abspülen, eventuell schälen, längs halbieren und die
Kerne mit einem Teelöffel herauskratzen. Gurke in kleine Würfel
schneiden.

— Schnittlauch abspülen, trocken schütteln und, bis auf ein paar
Halme für die Deko, in kleine Röllchen schneiden. Ei schälen
und klein würfeln.

— Senf und geschnittene Zutaten vorsichtig verrühren. Mit Pfeffer
und Zitronensaft abschmecken.

— Brot mit Butter bestreichen, diagonal durchschneiden und das
Matjes-Häckerle daraufgeben. Auf Schnittlauch anrichten.

Pro Portion
ca. 280 kcal, E 11 g,
F 19 g, KH 16 g

Steakburger

Verwandeln Sie Ihre Küche in ein American Diner – und servieren Sie
kurz gebratene Steaks mit Gewürzgurken und Kaperncreme im Brötchen.
Dass da alle Freude an Fast Food haben, ist sicher!

ZUTATEN

4 Stück

1–2 EL Kapern
3 EL Öl
4–8 Radicchio-Salatblätter
4–6 kleine Gewürzgurken
5 EL Mayonnaise
10 EL saure Sahne
4 weiche Baguette-Brötchen
4 dünne Steaks à 150 g
(z. B. Schwein, Pute, Hähnchen
oder Rind)
Meersalz
frisch gemahlener Pfeffer

— Kapern gut abtropfen lassen. 1 EL Öl in einer Pfanne erhitzen und die Kapern darin knusprig braten. Herausnehmen und abkühlen lassen.

— Radicchio putzen, abspülen, trocken schütteln und eventuell etwas kleiner zerpflücken. Gurken längs in dünne Scheiben schneiden.

— Mayonnaise, saure Sahne und Kapern verrühren. Brötchen waagerecht durchschneiden.

— Eine Grillpfanne, das ist eine Pfanne mit Rillen, bei starker Hitze vorheizen, mit 1 EL Öl einstreichen und die Brötchenhälften mit der Innenseite nach unten darin anrösten. So bekommen sie Streifen wie normalerweise auf dem Grill.

— Steaks mit Salz und Pfeffer würzen. Das restliche Öl in der Grillpfanne erhitzen und die Steaks darin von jeder Seite etwa 4–5 Minuten braten. Herausnehmen und etwa 3 Minuten ruhen lassen.

— Brötchenhälften mit der Kaperncreme bestreichen, mit Salatblättern, Steaks und Gurkenscheiben belegen und sofort servieren.

Pro Stück
ca. 570 kcal, E 37 g,
F 29 g, KH 40 g

Dazu Kartoffelchips

Tipp

*Perfekt mit extra hauchdünn
geschnittenen Steaks.*

Cheeseburger

Homemade Deli-Style: Das superfrische Beefsteak wird kurz in der
Pfanne überbacken und zwischen geröstetes Weißbrot gepackt.
Genuss von der Hand in den Mund

ZUTATEN

4 Stück

4 EL Tomatenketchup
2 TL Edelsüß-Paprikapulver
4 große Eisbergsalatblätter
2 Tomaten
3 Zwiebeln
3 EL Butterschmalz
1–2 EL Mehl
4 Hamburger-Brötchen
(Weizensoft-Brötchen à 50 g)
600 g Beefsteakhack
Meersalz
frisch gemahlener Pfeffer
4 Scheiben Käse (Emmentaler
oder Gouda)
4 TL mittelscharfer Senf

— Ketchup und Paprikapulver verrühren.

— Die Salatblätter abspülen, trocken schleudern und in kleinere
Stücke zupfen. Tomaten abspülen, den Stielansatz herausschneiden und die Tomaten in Scheiben schneiden.

— Zwiebeln abziehen und in Ringe schneiden. 1 ½ EL Butterschmalz in einer Pfanne erhitzen. Zwiebelringe leicht mit Mehl
bestäuben und bei mittlerer Hitze etwa 10 Minuten goldbraun
braten. Auf Küchenkrepp abkühlen lassen (oder einfach fertige
Röstzwiebeln nehmen).

— Die Brötchen durchschneiden und in einer heißen Grillpfanne
kurz rösten.

— Das Beefhack mit angefeuchteten Händen zu etwa 8 cm
großen Hacksteaks formen und von beiden Seiten mit Salz und
Pfeffer würzen. Die Hacksteaks werden nicht, wie Frikadellen,
mit den Gewürzen vermischt, sondern wie Steaks nur auf
der Oberfläche gewürzt! Eine Grillpfanne stark erhitzen und mit
dem restlichen Butterschmalz einstreichen. Die Hacksteaks
darin etwa 4–6 Minuten von jeder Seite braten. Jeweils eine
Scheibe Käse darauflegen. Deckel auf die Pfanne legen und
braten, bis der Käse etwas geschmolzen ist.

— Die untere Hälfte der Brötchen mit Ketchup bestreichen. Mit
Salat, Tomaten, Käse-Hacksteaks und Zwiebelringen belegen.
Den Brötchendeckel mit Senf bestreichen und auf die Burger
legen. Leicht andrücken und sofort servieren.

Pro Stück
ca. 660 kcal, E 41 g,
F 39 g, KH 36 g

Dazu selbst gemachte
Pommes frites

Strammer-Max-Crostini

Hausmannskost – schick und schnell: Mit Pilzen, geröstetem Brot und Wachteleiern
ideal zum Brunch oder als Vorspeise vom rustikalen Menü

ZUTATEN

12 Stück

200 g Champignons
4 EL Butterschmalz
feines Meersalz
1 EL gehackte Petersilie
(frisch oder TK)
6 Scheiben Schinken (80 g;
z. B. Schwarzwälder Schinken)
4 große Scheiben Holzofen-
oder Bauernbrot (200 g)
1 Knoblauchzehe
12 Wachteleier (120 g)
frisch gemahlener Pfeffer

— Champignons putzen und in dünne Scheiben schneiden. In 1 EL Butterschmalz in einer Pfanne knusprig braten und salzen. Petersilie unterrühren. Die Schinkenscheiben halbieren.

— 1 EL Butterschmalz in der Pfanne erhitzen und die Brotscheiben darin knusprig braten. Knoblauch schälen. Brotscheiben aus der Pfanne nehmen und mit der Knoblauchzehe einreiben. Jede Scheibe in 3 Stücke schneiden und warm stellen.

— Restliches Butterschmalz in einer Pfanne erhitzen und die Eier darin zu kleinen Spiegeleiern braten. Wachteleier am besten mit einem Messer aufschneiden, sie lassen sich wegen ihrer dünnen Schale nur schwer aufschlagen.

— Jedes Brotstück zuerst mit Schinken, dann mit einem Spiegelei belegen. Mit Salz und Pfeffer würzen und mit den Champignons bestreuen.

Pro Stück
ca. 105 kcal, E 4 g,
F 6 g, KH 9 g

Tipp

*Wer keine Wachteleier bekommt,
nimmt kleine Hühnereier.*

Chicken-Wings süß-sauer

Perfektes Partyfood: Während die marinierten Hähnchenflügel im Ofen brutzeln, eben noch einen Tomatensalat schnippeln und voll entspannt auf die Gäste warten

ZUTATEN
2 Portionen

CHICKEN-WINGS

500 g Hähnchenflügel
(am besten Bio)
Salz
Pfeffer
130 ml süß-saure Chilisauce
1 EL Honig (25 g)
etwas Tabasco

TOMATENSALAT

350 g reife Flaschentomaten
2 Lauchzwiebeln
1–2 EL milder Weißweinessig
1 TL Honig
2 EL Olivenöl

— Den Backofengrill auf 240 Grad vorheizen.

FÜR DIE CHICKEN-WINGS

— Die Flügel abspülen, trocken tupfen und mit Salz und Pfeffer würzen. Chilisauce, Honig und Tabasco mischen. Die Hähnchenflügel mit der Sauce einstreichen und auf den Backofenrost legen.

— Rost in den Ofen schieben und ein Backblech darunterstellen. Flügel 8–10 Minuten grillen, dann wenden und weitere 8–10 Minuten knusprig braun und gar grillen.

FÜR DEN TOMATENSALAT

— Die Tomaten abspülen, in Scheiben schneiden, Stielansatz dabei entfernen. Lauchzwiebeln putzen, abspülen und in Ringe schneiden.

— Essig, Honig und Öl verrühren und mit Salz und Pfeffer abschmecken. Tomaten, Lauchzwiebeln und Sauce mischen und zu den Chicken-Wings servieren.

Pro Portion
ca. 795 kcal, E 43 g,
F 52 g, KH 37 g

Tofu-Auberginen-Burger

Hier wird hoch gestapelt: goldbraun gebratene Tofu- und Auberginenscheiben mit Tomaten und Salat schichten, so geht Express-Küche für Vegetarier

ZUTATEN

4 Stück, vegetarisch

1 Packung Tofu natur (150 g)
½ Aubergine (150 g)
4 EL Semmelbrösel
4 EL Sojasauce
3–4 EL Butterschmalz
4 Hamburger-Dinkelbrötchen
2 Tomaten
2 EL Olivenöl
Salz
frisch gemahlener Pfeffer
1 Prise Zucker
4 große Salatblätter
2 EL Salatcreme

— Tofu in 4 etwa 1 cm dicke Scheiben schneiden. Aubergine putzen, abspülen, in 4 Scheiben schneiden. Semmelbrösel und Sojasauce in 2 tiefe Teller geben.

— Tofu- und Auberginenscheiben erst in Sojasauce, dann in Semmelbröseln wenden. Butterschmalz in einer Pfanne erhitzen und die Scheiben nacheinander von beiden Seiten goldbraun braten. Die Aubergine braucht länger, etwa 4 Minuten pro Seite.

— Brötchen durchschneiden und toasten. Tomaten abspülen, sehr fein würfeln und mit Olivenöl, Salz, Pfeffer und Zucker würzen. Salat abspülen, trocken schütteln und eventuell zerpflücken.

— Brötchen-Unterhälften mit Salatcreme bestreichen. Mit Salat, Aubergine, Tofu und Tomatenstückchen belegen. Brötchendeckel auflegen und servieren.

Pro Portion
ca. 385 kcal, E 12 g,
F 23 g, KH 32 g

Tacos mit Salat und Bohnencreme

Der schnellste Snack aus Mexiko wird in knusprigen Maismehlfladen serviert.
Mit Tomaten, Salat, Avocado, saurer Sahne und Bohnenmus füllen,
mit Käse überbacken. Hossa!

ZUTATEN

2 Portionen, vegetarisch

50 g Eisbergsalat
10 Kirschtomaten
2 Lauchzwiebeln
½ Dose Kidneybohnen (Abtropfgewicht 125 g)
Salz
½ TL Cayennepfeffer
½ TL gemahlener Kreuzkümmel
1 kleine mittelreife Avocado
1 EL Olivenöl
frischer Pfeffer
1 EL Zitronensaft
6 Taco-Schalen
150 g saure Sahne
40 g geriebener Gouda-Käse

— Den Backofen auf 180 Grad, Umluft 160 Grad, Gas Stufe 3 vorheizen.

— Salat, Tomaten und Lauchzwiebeln putzen und abspülen. Tomaten halbieren, Salat in Streifen, Lauchzwiebeln in Ringe schneiden.

— Bohnen in einem Sieb kurz abspülen. Bohnen, 2–3 EL Wasser, Salz, Cayennepfeffer und Kreuzkümmel mischen und mit dem Stabmixer fein pürieren.

— Avocado halbieren, entkernen, das Fruchtfleisch in 8 Spalten schneiden und schälen. Öl in einer Pfanne erhitzen und die Spalten darin goldbraun braten. Mit Salz, Pfeffer und Zitronensaft würzen.

— Taco-Schalen auf einem Blech im Ofen etwa 3 Minuten erwärmen. Dann mit Salatstreifen, gewürztem Bohnenmus, Avocadospalten, Tomaten, Lauchzwiebeln und saurer Sahne füllen. Käse darüberstreuen und servieren.

Pro Portion
ca. 635 kcal, E 17 g,
F 46 g, KH 38 g

Quarkpuffer

Die saftigen Taler mit Quark, Käse und Spinat brauchen nur kurz, um zu
Goldstücken zu werden. Salat dazu, und die Tafel ist reich gedeckt

ZUTATEN

4 Portionen, vegetarisch

100 g Baby-Spinat
1 rote Paprikaschote
1 gelbe Paprikaschote
1 Lauchzwiebel
3–4 EL Zitronensaft
5 EL Olivenöl
Salz
frisch gemahlener Pfeffer
1 Prise Zucker
3 Eier
200 g Magerquark
4 EL Mehl
5 EL geriebener Parmesan-
Käse

— Spinat putzen, abspülen und trocknen. Die Hälfte fein schneiden. Paprika vierteln, putzen, abspülen und in 2–3 cm große
Stücke schneiden. Lauchzwiebel putzen, abspülen und in Ringe
schneiden.

— Zitronensaft, 2 EL Olivenöl, Salz, Pfeffer und Zucker verrühren. Mit Paprika und Lauchzwiebel mischen.

— Eier, Quark, Mehl, Käse, Salz und Pfeffer mit den Quirlen
des Handrührers zu einem glatten Teig verrühren. Den geschnittenen Spinat unterheben.

— Etwas Olivenöl in einer beschichteten Pfanne erhitzen. Mit
einem Esslöffel 6 Teigportionen in die Pfanne geben und von
jeder Seite 2–3 Minuten goldbraun backen. Restlichen Teig ebenso zu insgesamt 12 Puffern verarbeiten. Fertige Puffer im Ofen
warm halten.

— Restlichen Spinat zur Paprika geben und unterheben. Quark-
puffer mit dem Salat anrichten.

Pro Portion
ca. 375 kcal, E 20 g,
F 26 g, KH 15 g

Gegrillter Spargel
MIT BURRATA

Der Verwandte des Mozzarellas hat einen cremigen Kern aus Sahne und Butter
und macht Spargel vom Rost zu einem wahren Luxusgenuss

ZUTATEN

2 Portionen, vegetarisch

SALAT

500 g grüner Spargel
2 EL Olivenöl zum Bestreichen
Salz
frisch gemahlener Pfeffer
Zucker
1 Bund Rauke (50 g)
2–3 grüne Tomaten

DRESSING

1 Schalotte
1 TL mittelscharfer Dijonsenf
1 EL Tomatenessig (ersatzweise
milder Obstessig)
3 EL schwarzer Johannisbeersaft
oder 1 EL schwarzer Johannis-
beerlikör (Cassis)
3 EL Distelöl

BURRATA

1 Burrata (200 g; Sahne-Mozza-
rella, gibt's im Feinkosthandel)
1 Limette

FÜR DEN SALAT

— Spargel abspülen, das untere Drittel der Stangen schälen
und die Enden abschneiden.

— Spargelstangen möglichst in eine aufklappbare Grillzange,
einen Grillkorb oder eine Alu-Grillschale legen. Spargelstangen
mit Olivenöl bestreichen und mit Salz, Pfeffer und wenig Zucker würzen.

— Die geschlossene Grillzange auf den heißen Grillrost direkt
über die Hitze legen und etwa 7 Minuten pro Seite grillen oder
den Spargel auf der Grillschale wenden.

— Rauke abspülen, trocken schütteln und die Stielenden even-
tuell abschneiden. Tomaten abspülen, trocken tupfen, den
Stielansatz keilförmig herausschneiden und die Tomaten in
Stücke schneiden.

FÜR DAS DRESSING

— Die Schalotte abziehen und fein würfeln. Schalottenwürfel,
Senf, Essig, Saft oder Likör, Salz und Pfeffer mit einer Gabel
verquirlen, dann das Öl in feinem Strahl dazugießen und unterschlagen. 200 ml Wasser unterrühren und nochmals mit Salz
und Pfeffer abschmecken.

— Gegrillten Spargel und Burrata auf Portionstellern oder einer
kleinen Platte anrichten und mit der Hälfte des Dressings
beträufeln. Spargelstangen mit Tomatenstücken und Rauke bestreuen und mit dem restlichen Dressing beträufeln. Limette
heiß abspülen, etwas Schale fein abreiben und darüberstreuen.
Sofort servieren.

Pro Portion
ca. 605 kcal, E 23 g,
F 51 g, KH 15 g

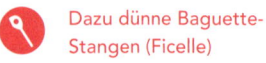

Dazu dünne Baguette-
Stangen (Ficelle)

Überbackenes Zwiebelbrot

Unser Ofenhit: Brotscheiben werden mit saurer Sahne, Zwiebeln und Käsekruste zu fantastischem Fingerfood und gehen weg wie warme Semmeln

ZUTATEN

4 Portionen, vegetarisch

250 g Landbrot (am besten vom Vortag)
Butter für das Backblech
300 g flüssige saure Sahne
Salz
½ EL Edelsüß-Paprikapulver
1 kleine Gemüsezwiebel (etwa 250 g)
1 Bund Oregano
150 g Butterkäse oder mittelalter Gouda-Käse

— Brot in etwa 1 cm dicke Scheiben schneiden und ein gebuttertes Backblech damit auslegen.

— Den Backofen auf 200 Grad, Umluft 180 Grad, Gas Stufe 4 vorheizen und das Backblech mit den Brotscheiben in den kalten Ofen schieben. Die Brotscheiben etwa 10 Minuten beim Aufheizen im Ofen mitrösten, dann herausnehmen.

— Inzwischen saure Sahne, Salz und Edelsüß-Paprikapulver verrühren. Die Mischung auf die Brotscheiben streichen.

— Die Zwiebel abziehen und auf dem Gemüsehobel (ein guter Hobel hilft bei der schnellen Küche sehr) in feine Ringe schneiden. Die Zwiebelringe über das Brot streuen.

— Oregano abspülen, trocken schütteln und die Blättchen von den Stielen zupfen (zur Not tut's auch getrockneter!). Käse reiben und zusammen mit dem Oregano auf dem Brot verteilen.

— Das Blech wieder in den Backofen schieben und die Brotscheiben bei gleicher Hitze etwa 20 Minuten goldbraun überbacken.

Pro Portion
ca. 410 kcal, E 16 g,
F 23 g, KH 34 g

Dazu fertige Mixed Pickles oder Piccalilli (eingelegtes Senfgemüse) aus dem Glas und luftgetrockneter Schinken oder Salat

Hauptgerichte

Wenn saftige Steaks in der Pfanne brutzeln oder uns
der Duft von gratiniertem Gemüse in die Nase
steigt, fühlen wir uns so richtig zu Hause. Und man
braucht wirklich nicht viel Zeit, um diese
Lieblingsgerichte mit Fisch, Fleisch oder rein
vegetarisch auf den Tisch zu bringen. Wok-Gemüse,
Lachspfanne oder Rote-Bete-Gratin – alles braucht
maximal 30 Minuten. Sie glauben das nicht?
Die Wette gilt, probieren Sie's aus!

Omeletts

MIT DREI FÜLLUNGEN

Meerrettich-Forelle, Spinat-Pecorino oder Brie mit Walnüssen und Thymian?
Am besten Sie nehmen von allen drei luftigen Omeletts eine Kostprobe,
direkt wenn sie aus dem Ofen kommen

ZUTATEN
3 Portionen

FÜLLUNGEN
50 g geräuchertes Forellenfilet
25 g Babyspinat-Blätter
(oder TK-Spinat)
20 g Pecorino- oder
Parmesan-Käse
50 g Weichkäse (z. B. Brie)
15 g Walnusskerne
2 EL Meerrettich aus dem Glas
(oder frisch gerieben)
5 Basilikumblätter und 3 Stiele
Thymian zum Bestreuen
Ahornsirup zum Beträufeln

OMELETTS
9 Eier
150 ml Milch
Salz
frisch gemahlener weißer Pfeffer
3 TL Butter

FÜR DIE FÜLLUNGEN

— Forellenfilet zerpflücken.

— Spinatblätter verlesen, abspülen und trocken tupfen. Pecorino am besten mit einem Sparschäler in feine Locken schälen.

— Weichkäse in dünne Scheiben schneiden. Walnüsse grob hacken und kurz in einer Pfanne ohne Fett anrösten.

FÜR DIE OMELETTS

— Eier und Milch verquirlen und mit Salz und Pfeffer würzen.

— 1 TL Butter in eine beschichtete Pfanne (Ø 20 cm) geben und bei mittlerer Hitze schmelzen lassen. Ein Drittel der Eiermilch hineingießen. Die Eiermilch immer wieder mit einem Pfannenwender vorsichtig etwas zusammenschieben, bis die Eiermilch fest ist. Das Omelett füllen (siehe unten) und im Backofen bei 50 Grad warm halten. Aus der restlichen Eiermilch noch 2 weitere Omeletts backen.

— Ein Omelett mit Forelle, Meerrettich und Basilikum zur Hälfte belegen und über die Füllung klappen. Das zweite mit Spinat und Pecorino füllen und das letzte mit Weichkäse, Walnüssen und Thymian.

— Das Spinat-Käse-Omelett kurz vor dem Servieren mit Ahornsirup beträufeln.

Pro Portion
ca. 515 kcal, E 35 g,
F 39 g, KH 7 g

Dazu Schwarzbrot

Senfhähnchen

Das Bett aus Kräuter-Kartoffelpüree ist schnell gemacht und die ideale Ergänzung zur kurz gebratenen Hähnchenbrust mit leicht verschärfter Senf-Crème-fraîche

ZUTATEN

4 Portionen

500 g Hähnchenbrustfilet
(am besten Bioqualität)
3 Stangen Staudensellerie
20 g Butter
1 ½ EL körniger Senf
100 g Crème fraîche
Meersalz
1–2 TL mildes Currypulver
2 Beutel Kartoffelpüree
1 l Buttermilch
1–2 EL TK 6-Kräuter-Mischung
2 Tomaten

— Hähnchenbrust abspülen, trocken tupfen und in Streifen schneiden. Sellerie eventuell entfädeln, dann abspülen und in feine Scheibchen schneiden. Etwas Selleriegrün aufheben.

— Fleisch und Sellerie in heißer Butter anbraten. Senf, Crème fraîche und 100 ml Wasser zufügen, aufkochen lassen. Mit Salz und Curry würzen. Noch weitere 5–10 Minuten köcheln lassen.

— Inzwischen das Kartoffelpüree nach Packungsanweisung mit Buttermilch (statt mit Wasser oder Milch) zubereiten.

— Das Selleriegrün abspülen, fein hacken und zusammen mit den TK-Kräutern unter den Kartoffelbrei rühren.

— Tomaten abspülen, vierteln, den Stielansatz und die Kerne entfernen und das Fruchtfleisch würfeln. Den Kartoffelbrei auf Tellern zu Nestern anrichten und in die Mitte das Hähnchen-Ragout füllen. Mit Tomatenwürfeln bestreuen.

Pro Portion
ca. 525 kcal, E 42 g,
F 15 g, KH 53 g

Rote-Bete-Gratin

MIT GORGONZOLA

Es dauert gerade mal ein paar Minuten, dann kommt dieser Gemüsefächer süßlich und würzig duftend aus dem Ofen. Walnüsse und Orangenmarmelade dazu: Essen ist fertig!

ZUTATEN

4 Portionen, vegetarisch

400 g Rote Bete (vorgekocht und im Vakuumpack)
frisch gemahlener Pfeffer
Salz
75 g Gorgonzola-Käse
20 g Walnusskerne
2–3 TL bittere Orangen-marmelade

— Den Grill des Backofens vorheizen.

— Rote Bete in dünne Scheiben schneiden und in 4 kleinen Portions-Gratinförmchen fächerartig einschichten. Zwischen-durch mit Pfeffer und Salz würzen.

— Den Gorgonzola grob zerbröckeln und darüberstreuen.

— Die Förmchen auf den Backofenrost stellen und unter dem vorgeheizten Grill kurz übergrillen, bis der Käse leicht ge-schmolzen ist.

— Inzwischen die Walnüsse grob hacken und kurz vor dem Servieren über die Gratins streuen. Je einen kleinen Klecks Orangenmarmelade auf den Käse geben und servieren.

Pro Portion
ca. 160 kcal, E 9 g,
F 9 g, KH 13 g

Gemüsepfanne
MIT COUSCOUS

Alles so schön bunt hier: Wir servieren zu Paprika, Zuckerschoten und Couscous cremigen Schmand-Dipp und Koriander. Nicht nur ein Traum für Veggies

ZUTATEN

2 Portionen, vegetarisch

etwa 225 ml Gemüsebrühe
100 g Couscous (vorgekochter
Couscous aus der Packung)
1 rote Paprika
1 gelbe Paprika
1 rote Zwiebel
75 g Zuckerschoten
1–2 EL Öl
Salz
etwas Tabasco
4 Stängel Koriander
100 g Schmand
etwas gemahlener Kreuzkümmel

— Brühe aufkochen, über den Couscous gießen und 8–10 Minuten quellen lassen. Couscous mit einer Gabel auflockern.

— Paprikaschoten vierteln, putzen, abspülen, in Stücke schneiden. Zwiebel abziehen und in Streifen schneiden. Zuckerschoten putzen, abspülen und je nach Größe eventuell einmal schräg halbieren.

— Öl in einer beschichteten Pfanne erhitzen. Zwiebel und Paprika darin 3–4 Minuten anbraten. Zuckerschoten zugeben und mit Deckel etwa 1 Minute dünsten.

— Couscous in die Pfanne geben, untermischen und mit Deckel noch einmal erhitzen. Mit Salz und etwas Tabasco abschmecken.

— Koriander abspülen, trocknen, hacken und mit dem Schmand verrühren. Mit Kreuzkümmel und Salz würzen. Den Schmand-Dip zur Gemüsepfanne reichen.

Pro Portion
ca. 450 kcal, E 11 g,
F 22 g, KH 52 g

Wok-Gemüse

MIT GARNELEN

Wir lüften das Geheimnis der Garküchen: Sojasauce, Sesamöl, Ingwer und
Limettensaft und Woknudeln machen aus Garnelen und Gemüse
im Nu ein asiatisches Leichtgericht

ZUTATEN

2 Portionen

1 Knoblauchzehe
30 g Ingwerknolle
1 Pfefferschote
2 Möhren
250 g Pak Choi (oder Chinakohl)
2 EL Öl
1 TL Zucker
100 g Wok-Nudeln (ohne
Vorkochen)
2–3 EL Sojasauce
150 g gekochte geschälte
Riesengarnelen
2 EL Limettensaft
evtl. 1–2 EL geröstetes Sesamöl
1 EL Sesamsaat

⟵ Knoblauch und Ingwer schälen. Pfefferschote putzen und abspülen. Knoblauch, Ingwer und Pfefferschote klein schneiden.
Möhren schälen und in dünne Stifte schneiden. Pak Choi putzen, abspülen und kleiner schneiden.

⟵ Das Öl in einem Wok oder einer großen Pfanne erhitzen.
Knoblauch, Ingwer, Pfefferschote und das vorbereitete Gemüse
darin anbraten. Den Zucker darüberstreuen und kurz mitbraten.

⟵ Wok-Nudeln, 200 ml Wasser und Sojasauce dazugeben und
weitere 3 Minuten kochen, bis die Nudeln gar sind. Garnelen
unterrühren und in der Pfanne erhitzen.

⟵ Mit Limettensaft und eventuell Sesamöl abschmecken. Auf
Tellern anrichten, mit Sesam bestreuen und sofort servieren.

Pro Portion
ca. 525 kcal, E 25 g,
F 24 g, KH 52 g

Paprika-Erdnuss-Huhn

Zusammen unschlagbar gut – zartes Hähnchenfleisch und fein
abgeschmeckte Paprika-Sahnesauce mit Erdnüssen

ZUTATEN

4 Portionen

4 Hähnchenbrustfilets
(am besten Bio)
1 mittelgroße Zwiebel
2 rote Paprikaschoten
1 EL Öl
1 TL Edelsüß-Paprikapulver
350 Milliliter Geflügelfond (Glas)
200 g Sahne
50 g Erdnusskerne (geröstet)
Salz
Pfeffer
frischer Thymian

— Hähnchenfleisch abspülen und trocken tupfen. Zwiebel abziehen und grob würfeln. Paprikaschoten putzen, abspülen und in grobe Stücke schneiden.

— Öl in einem Topf erhitzen. Zwiebel- und Paprikastücke darin etwa 3 Minuten braten, dabei mit Paprikapulver bestäuben. Fond und Sahne dazugießen und aufkochen. Hähnchenfilets hineingeben und darin 15 Minuten zugedeckt schmoren lassen.

— Die Filets aus der Sauce nehmen und warm stellen. Erdnüsse, bis auf 1 EL, in die Sauce geben und mit dem Stabmixer fein pürieren. Mit Salz und Pfeffer würzen.

— Das Hähnchenfleisch zurück in den Topf geben und in der Sauce erhitzen. Die restlichen Erdnüsse, Pfeffer und eventuell etwas Thymian darüberstreuen.

Pro Portion
465 kcal, E 52 g,
F 26 g, KH 6 g

Dazu Baguette
oder Reis

Kokos-Fisch-Curry

Wie das duftet! Pilze, Ingwer, Knoblauch, Paprika und Erbsen sind die aromatische Begleitung des zarten Fischfilets in würzig-scharfer Kokosmilch

ZUTATEN

2 Portionen

200 g Champignons
30 g frischer Ingwer
2 Knoblauchzehen
400 ml Kokosmilch (Dose)
1 EL rote Thai-Currypaste
2 EL Sesamsaat
250 g Fischfilet (Zander, Dorsch;
aus nachhaltigem Fischfang;
z. B. mit MSC-Siegel)
150 g eingelegte rote Paprika
(Glas)
150 g TK-Erbsen
1–2 EL Sojasauce
¼ TL Chilipulver
2–3 EL Limettensaft
1 Prise Zucker
2–3 Stängel Koriander

▸ Pilze putzen und halbieren. Ingwer und Knoblauch schälen und hacken. Kokosmilch, Currypaste, Ingwer, Knoblauch und 150 ml Wasser aufkochen. Sesam in einer Pfanne ohne Fett anrösten.

▸ Fischfilet abspülen, trocken tupfen und in mundgerechte Stücke schneiden. Fischstücke und Pilze in die Currysauce geben. Bei kleiner Hitze etwa 10 Minuten gerade eben kochen lassen.

▸ Paprika abtropfen lassen und kleiner schneiden. Paprika und Erbsen in das Curry geben und weitere 3 Minuten kochen. Mit Sojasauce, Chilipulver, Limettensaft und Zucker abschmecken.

▸ Koriander abspülen, trocken schütteln und die Blättchen abzupfen. Das Curry mit geröstetem Sesam und Koriander bestreuen.

Pro Portion
ca. 665 kcal, E 40 g,
F 45 g, KH 23 g

Dazu Basmati-Reis

Fischfrikadellen

MIT KERBEL-COUSCOUS

Dem Meer so nah: Die saftigen Buletten sind schnell paniert,
fix gebraten und mit Couscous serviert. Ein Sommertraum!

ZUTATEN
2 Portionen

COUSCOUS
100 g Couscous
Salz
Pfeffer
100 g TK-Erbsen
1 Bund Kerbel
½ TL geräuchertes Paprikapulver
2 EL Zitronensaft
2 EL Olivenöl

FRIKADELLEN
250 g weißes Fischfilet (Zander)
1 Lauchzwiebel
3 EL Semmelbrösel
1 EL Zitronensaft
1 EL Sojasauce
1 EL süß-saure Chilisauce
2 EL Öl zum Braten

FÜR DEN COUSCOUS
← Couscous mit 150 ml kochendem Salzwasser übergießen. Die TK-Erbsen unterrühren. Zugedeckt etwa 10 Minuten quellen lassen. Kerbel abspülen, trocken schütteln und die Blättchen von den Stielen zupfen. Couscous, Paprika, Kerbel, Zitronensaft und Öl verrühren. Mit Salz und Pfeffer abschmecken.

FÜR DIE FRIKADELLEN
← Das Fischfilet abspülen und sehr fein hacken. Lauchzwiebel putzen, abspülen und fein hacken. Fisch, 1 EL Brösel, Lauchzwiebel, Zitronensaft, Soja- und Chilisauce verrühren. Aus der Mischung 8 Frikadellen formen und in den restlichen Semmelbröseln wenden.

← Das Öl erhitzen, die Frikadellen darin etwa 5 Minuten braten.

← Frikadellen und Couscous-Salat mit Zitrone und Kerbel servieren.

Pro Portion
ca. 590 kcal, E 33 g,
F 24 g, KH 59 g

Dazu saure Sahne

Labskaus

MIT CORNED BEEF

Nordish by nature: Der Küstenklassiker aus Kartoffelpüree, Rote Bete und Rollmops
hat viele Fans. Und das nicht nur, weil's so fix geht

ZUTATEN

2 Portionen

450 g mehligkochende Kartoffeln
Salz
50 ml Milch
100 g Corned Beef
frischer Pfeffer
1 TL Butter zum Braten
2–4 Eier
4–6 Rollmöpse
(aus dem Glas; 140 g)
200 g eingelegte Rote-Bete-
Kugeln
evtl. Schnittlauch zum Bestreuen

— Die Kartoffeln schälen, abspülen, klein würfeln und in wenig Salzwasser etwa 12 Minuten kochen, bis sie gar sind.

— Die Milch erhitzen. Kartoffeln abgießen und mit einem Kartoffelstampfer fein zerdrücken, dabei die Milch unterarbeiten. Das Corned Beef würfeln und unter das heiße Kartoffelmus rühren. Mit Salz und Pfeffer abschmecken. Für eine schöne Farbe eventuell noch 2–3 EL Rote-Bete-Saft aus dem Glas unterrühren. Warm stellen.

— Inzwischen die Butter in einer großen beschichteten Pfanne erhitzen und die Eier darin zu Spiegeleiern braten.

— Das Kartoffelmus mit den Spiegeleiern, den Rollmöpsen und der Roten Bete anrichten. Eventuell mit Schnittlauchröllchen bestreuen.

Pro Portion
ca. 240 kcal, E 18 g,
F 10 g, KH 19 g

Panierte Seelachsschnitzel

MIT WASABI-MAYONNAISE

Blitzschnelles Käpt'ns Dinner: Goldgelb gebratene Fischfilets mit
verschärfter Meerrettich-Mayo sind pur oder im Brötchen ein echter Schatz

ZUTATEN

2 Portionen

2 Seelachsfilets à 150 g
1–2 Limetten
2–3 EL Mehl
1 Ei
3–4 EL Semmelbrösel
Salz
frisch gemahlener weißer Pfeffer
1–2 EL Butterschmalz zum Braten

WASABI-MAYONNAISE

2 EL Delikatess-Mayonnaise (80 %)
1–2 EL Schmand
2–3 TL Wasabi (grüne japanische
Meerrettichpaste)
1 kleine rote Zwiebel

— Fischfilets abspülen, trocken tupfen, halbieren und den Saft
einer halben Limette darüberträufeln.

— Mehl, Ei und Semmelbrösel in je einen tiefen Teller geben.
Das Ei mit einer Gabel verquirlen.

— Filets trocken tupfen und mit Salz und Pfeffer würzen. Stücke
erst in Mehl wenden (überschüssiges Mehl abklopfen), dann
durch das Ei ziehen, abtropfen lassen und zuletzt in den Bröseln
wenden. Panade andrücken.

— Butterschmalz in einer großen beschichteten Pfanne erhitzen, Fischfilets bei mittlerer Hitze darin von jeder Seite etwa
2–3 Minuten goldbraun braten.

FÜR DIE WASABI-MAYONNAISE

— Mayonnaise, Schmand und Wasabi verrühren und mit Salz
und Limettensaft abschmecken. Zwiebel schälen, in Ringe
schneiden und darüberstreuen. Zum Fisch reichen und mit
Limettenstücken anrichten.

Pro Portion
ca. 515 kcal, E 34 g,
F 28 g, KH 29 g

Dazu Gurkensalat
und Kartoffelmus

Gebackene Dorade

MIT BOHNENSALAT

Was für ein Fang! Mit Petersilie gefüllt und frisch aus dem Ofen
sind Doraden das Beste, was Eiligen passieren kann: saftig, zart, unkompliziert –
eben Fisherman's Friend

ZUTATEN

2 Portionen

2 küchenfertige Doraden à etwa
350 g (aus nachhaltigem Fischfang; z. B. mit MSC-Siegel)
1 kleines Bund glatte Petersilie
3–4 EL Olivenöl
Salz
2 EL Mandelblättchen
1 Bund Kerbel
1 EL Zitronensaft
250 g grüne Bohnen

— Den Backofen auf 200 Grad, Umluft 180 Grad, Gas Stufe 4 vorheizen.

— Doraden von innen und außen abspülen, trocken tupfen und die Haut mehrmals einschneiden. Petersilie abspülen, in die Bauchöffnung der Doraden stecken.

— Die Fische auf ein Backblech legen, mit 1 EL Olivenöl beträufeln und salzen. Blech auf der mittleren Schiene im Backofen einschieben. Etwa 15–20 Minuten backen. Mandeln in einer Pfanne ohne Fett goldbraun rösten. Kerbel abspülen, trocken schütteln und die Blättchen abzupfen.

— Kerbel, restliches Öl, 1–2 EL Wasser, Zitronensaft und Salz mit dem Stabmixer pürieren.

— Bohnen putzen, abspülen und in Salzwasser 8 Minuten kochen. Abgießen, mit Kerbelöl und Mandeln mischen. Bohnensalat und Doraden servieren.

Pro Portion
ca. 690 kcal, E 63 g,
F 43 g, KH 5 g

Dazu Baguette

Lachspfanne

Genuss hoch drei! Zweierlei Bohnen in cremiger Kräuter-Senfsauce sind perfekte
Partner, um saftiges Lachsfilet aufs Köstlichste zu präsentieren

ZUTATEN

2 Portionen

je 3 Stiele Bohnenkraut und Dill
1 Dose weiße Bohnen
(240 g Abtropfgewicht)
150 g grüne Bohnen
Salz und Pfeffer
1 Schalotte
1 EL Butter
3 EL Milch
60 g Crème fraîche
2 TL körniger Senf
2 Lachsfilets à 130 g
1 TL Öl
1–2 TL Zitronensaft

— Bohnenkraut und Dill abspülen und grob hacken. Weiße Bohnen abspülen und abtropfen lassen. Grüne Bohnen putzen, in kochendem Salzwasser 10 Minuten garen, kalt abspülen. Schalotte abziehen und in feine Streifen schneiden.

— Butter in einer Pfanne zerlassen, Schalotte darin 1 Minute andünsten. Beide Bohnensorten dazugeben, kurz mitdünsten und mit Salz und Pfeffer würzen. Milch und Crème fraîche dazugeben, aufkochen. Senf einrühren und das Gemüse warm halten.

— Lachsfilets abspülen, trocken tupfen und mit Salz und Pfeffer würzen. Eine Pfanne stark erhitzen, Öl hineingeben und die Lachsfilets darin etwa 5 Minuten knusprig braten.

— Die Hälfte der Kräuter unter das Bohnengemüse heben. Die Lachsfilets darauf anrichten, mit Zitronensaft beträufeln und die restlichen Kräuter darüberstreuen.

Pro Portion
ca. 685 kcal, E 53 g,
F 28 g, KH 53 g

Kalbssteaks

MIT APRIKOSEN-GREMOLATA

Die zarten Steaks aus der Pfanne brauchen nicht viel mehr als ein Topping,
das für nussigen Biss und eine fruchtig-würzige Note sorgt

ZUTATEN

2 Portionen

30 g gehackte Mandeln
½ kleine Bio-Zitrone
30 g getrocknete Aprikosen
½ Knoblauchzehe
½ Bund glatte Petersilie
1 EL Olivenöl
Salz
frisch gemahlener Pfeffer
1 EL Butterschmalz zum Braten
4 dünne Kalbssteaks à 80 g
(Minutensteaks; am besten Bio)

— Mandeln in einer Pfanne ohne Fett kurz rösten und abkühlen lassen. Die Zitrone heiß abspülen, trocken tupfen und die Schale fein abreiben.

— Aprikosen sehr fein würfeln. Knoblauch abziehen und fein hacken. Petersilie abspülen, trocken schütteln und ebenfalls fein hacken.

— Mandeln, Zitronenschale, Aprikosen, Knoblauch, Petersilie und Olivenöl mischen. Salzen und pfeffern.

— Das Butterschmalz in einer Pfanne stark erhitzen. Die Steaks trocken tupfen, leicht salzen und im heißen Butterschmalz von jeder Seite etwa 2 Minuten braten. Mit Pfeffer würzen und die Gremolata über die Kalbssteaks streuen.

Pro Portion
ca. 405 kcal, E 36 g,
F 25 g, KH 9 g

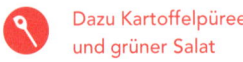
Dazu Kartoffelpüree
und grüner Salat

Polenta

MIT NÜSSEN UND FEIGEN

Wer Maisgrieß bis jetzt nur als sättigende Beilage kannte,
hat das Beste verpasst: Mit Cashewkernen, Feigen, rosa Pfeffer und
Portwein spielt er die Hauptrolle im Menü

ZUTATEN

4 Portionen, vegetarisch

6 getrocknete Feigen
100 g geröstete und gesalzene
Cashewkerne
½ l Milch
½ l Gemüsefond
1 TL rosa Pfefferbeeren
etwa 200 g Polenta (Maisgrieß)
2 Schalotten
2 Zweige Thymian
1 TL Honig
350 ml trockener Rotwein
1–2 TL kalte Butter
Salz
frisch gemahlener Pfeffer
6–8 frische Feigen

— Getrocknete Feigen und Cashewkerne mittelgrob hacken.
Milch und Fond aufkochen. Die rosa Pfefferbeeren leicht zerdrücken und zusammen mit dem Polentagrieß unter Rühren
in die kochende Flüssigkeit streuen. Die gehackten Cashewkerne
und Feigen unterrühren.

— Die Polenta einmal aufkochen lassen und auf der ausgeschalteten Herdplatte etwa 5 Minuten stehen und quellen lassen.

— Inzwischen die Schalotten abziehen, würfeln und zusammen
mit 1 Zweig Thymian, Honig und dem Rotwein bei großer Hitze
auf die Hälfte einkochen lassen. Die Butter unterrühren und
mit Salz und Pfeffer abschmecken.

— Frische Feigen mit Küchenkrepp abreiben und achteln (dabei
nicht ganz durchschneiden). Polenta und Feigen anrichten und
etwas Rotweinsud über die Feigen träufeln. Mit dem restlichen
Thymian bestreuen.

Pro Portion
ca. 620 kcal, E 17 g,
F 19 g, KH 83 g

Dazu ein Minutensteak
vom Rind oder Schwein,
das ist schnell nebenbei
gebraten

Gebratene Hähnchenfilets

MIT APFEL-ZWIEBEL-GEMÜSE

Schneller Teller: Süßliche Zwiebeln und Äpfel mit einem Schuss Cidre
und Sahne schmoren, Hähnchen hübsch darauf anrichten, fertig!

ZUTATEN

2 Portionen

1 kleine Gemüsezwiebel (200 g)
2 Hähnchenbrustfilets à 150 g
(am besten Bioqualität)
1–2 EL Sonnenblumenöl
Salz
frisch gemahlener Pfeffer
1 kleiner milder Apfel (z. B. Elstar)
200 g Kochsahne (15 % Fett)
evtl. 1 kleiner Schuss trockener
Cidre oder Weißwein
evtl. glatte Petersilie darüberstreuen

— Die Zwiebel abziehen und in schmale Spalten schneiden.

— Fleisch abspülen und trocken tupfen. Öl in einer großen
Pfanne erhitzen, Filets hineingeben. Zwiebelspalten dazugeben
und beides anbraten. Das gebratene Fleisch mit Salz und
Pfeffer würzen, wenden und nochmals würzen. Mit Deckel gut
8–10 Minuten schmoren lassen.

— Apfel abspülen, vierteln, entkernen und in dünne Spalten
schneiden.

— Fleisch herausnehmen, in Folie gewickelt ruhen lassen und
warm halten. Sahne, eventuell Cidre sowie Apfelspalten zu den
Zwiebeln in die Pfanne geben, noch 2–3 Minuten schmoren,
bis die Apfelspalten weich sind. Mit Salz und Pfeffer würzen.

— Hähnchenfilets in Scheiben schneiden und auf dem Apfel-
Zwiebel-Gemüse anrichten. Mit gehackter Petersilie bestreuen.

Pro Portion
ca. 455 kcal, E 40 g,
F 26 g, KH 18 g

Hähnchengeschnetzeltes

Heiß geliebt in Sahnesauce: Lauchzwiebeln und Majoran sorgen für Würze,
Ahornsirup für feine Süße – im Handumdrehen fertig und weggelöffelt

ZUTATEN

2 Portionen

300 g Hähnchenbrustfilet
(ohne Haut; am besten
Bioqualität)
2 Lauchzwiebeln
½ Bund Majoran (oder 1 TL
getrockneter Majoran)
1 EL Öl
1 EL Ahorn- oder Agavensirup
1 EL Sojasauce
frisch gemahlener Pfeffer
150 g Schlagsahne
Salz

— Fleisch abspülen, trocken tupfen und in Streifen schneiden.
Lauchzwiebeln putzen, abspülen und schräg in etwa 2 cm breite
Stücke schneiden. Majoran abspülen, trocken schütteln und die
Blätter abzupfen.

— Öl in einer beschichteten Pfanne erhitzen und das Fleisch
darin anbraten. Ahornsirup und Lauchzwiebeln dazugeben und
kurz mitbraten. Mit Sojasauce und Pfeffer würzen.

— Sahne, 5 EL Wasser und die Hälfte des Majorans dazugeben.
Bei starker Hitze etwa 5 Minuten einkochen lassen. Mit Salz
und Pfeffer abschmecken und mit den restlichen Majoranblätt-
chen bestreut servieren.

Pro Portion
ca. 460 kcal, E 38 g,
F 30 g, KH 9 g

Dazu Ebly-Weizen
oder Reis

Geflügelleber

MIT TRAUBEN

Ganz was Feines: Mit Kirschtomaten in einer Sauce aus Marsala-Wein ist zarte Leber mit fruchtigen Trauben ein Traumgericht für liebe Gäste

ZUTATEN

2 Portionen

300 g Geflügelleber (Pute oder Hähnchen; am besten Bioqualität)
1 Schalotte
100 g kernlose helle Weintrauben
100 g Kirschtomaten
8–10 Salbeiblätter
1–2 EL Butter
Salz
frisch gemahlener Pfeffer
100 ml Marsala-Wein oder Sherry (medium)

→ Von der Leber Fett und Häutchen entfernen. Leber abspülen, trocknen und in Stücke schneiden. Schalotte abziehen und würfeln. Trauben und Tomaten abspülen und eventuell halbieren. Salbei abspülen und trocknen.

→ Butter in einer Pfanne erhitzen, Salbei darin knusprig anbraten, auf Küchenkrepp legen. Leber ins heiße Fett geben und etwa 5 Minuten bei mittlerer Hitze braten, dabei wenden. Die Leber sollte ganz durchgebraten sein. Mit Salz und Pfeffer würzen. Leber herausnehmen und warm stellen.

→ Schalotte in der Pfanne anbraten. Wein dazugießen und einige Minuten einkochen. Trauben und Tomaten zufügen, schwenken und mit Salz und Pfeffer würzen. Leber zufügen und kurz erwärmen. Salbei darüberstreuen.

Pro Portion
ca. 325 kcal, E 30 g,
F 15 g, KH 17 g

Dazu Polenta

Hamburger Pannfisch

Aus Störtebekers Kombüse: Bratkartoffeln und Rotbarschfilet in cremigem Senf-Schmand werden mit Kapernäpfeln in einem Topf serviert. Ahoi!

ZUTATEN

2 Portionen

400 g kleine neue Kartoffeln
3 EL Öl
2 Schalotten
Salz
400 g Rotbarschfilets ohne Haut
(aus nachhaltigem Fischfang;
z. B. mit MSC-Siegel)
2–3 EL Zitronensaft
1–2 EL Mehl
250 ml Gemüsefond (Glas)
100 g Schmand
2 EL körniger Senf
3 Stängel glatte Petersilie
etwas Dill
8 Kapernäpfel

— Kartoffeln abspülen, in dünne Scheiben schneiden. In einer großen beschichteten Pfanne in 2 EL Öl unter Wenden etwa 12 Minuten goldbraun und gar braten. .

— Schalotten abziehen, in Ringe schneiden, in den letzten 5 Minuten zu den Kartoffeln geben und braten. Salzen und warm stellen.

— Fischfilets abspülen, trocknen und 3 cm groß würfeln. Mit Zitronensaft beträufeln, salzen und in Mehl wenden. Im restlichen Öl etwa 4–5 Minuten rundherum braun braten. Filets warm stellen.

— Fond in der Pfanne aufkochen, Schmand und Senf einrühren und mit Salz und Zitronensaft würzig abschmecken. Kartoffeln und Fisch unterheben.

— Kräuter abspülen, trocknen, hacken oder fein zupfen. Pannfisch mit Kräutern bestreuen. Mit halbierten Kapernäpfeln anrichten.

Pro Portion
ca. 665 kcal, E 44 g,
F 38 g, KH 36 g

Fisch im Pergament

Päckchen packen aus Lachs und Zander, mit Kräutern und Zitrone in den Ofen
schieben – heraus kommt ein wunderbar leichter Seemannsschmaus.

ZUTATEN
2 Portionen

1–2 Bund frische Kräuter
(Petersilie, Basilikum, Minze,
Schnittlauch)
1 kleine Bio-Zitrone
je 2 Lachs- und Zanderfilets mit
Haut à etwa 100 g
Meersalz
frisch gemahlener bunter Pfeffer
2 EL Olivenöl

— Den Backofen auf 150 Grad, Umluft 130 Grad, Gas Stufe 1
vorheizen.

— Kräuter abspülen, trocken schütteln und hacken. Zitrone
heiß abspülen, trocken reiben und in dünne Scheiben
schneiden.

— Fischfilets abspülen, mit Küchenkrepp gut trocken tupfen
und mit Salz und Pfeffer würzen.

— Einige Zitronenscheiben und je ein Stück Lachs und Zander-
filet auf ein Stück Backpapier legen. Mit Öl beträufeln und die
Hälfte der Kräuter darüberstreuen. Das Papier zusammenfalten.

— Die Fischpäckchen auf ein Backblech legen und im Ofen
etwa 15 Minuten backen.

— Päckchen öffnen, mit den restlichen Kräutern bestreuen.
Sofort servieren.

Pro Portion
ca. 300 kcal, E 30 g,
F 19 g, KH 2 g

Dazu Kartoffelpüree mit
gebräunter Butter

Desserts und Süßspeisen

Manchmal muss es einfach etwas Süßes sein.
Und zwar nicht nur zu besonderen Anlässen.
Verwöhnen Sie Familie oder Freunde mit luftigem
Schmarren, einem Armen Ritter, fruchtigen Suppen
und Kompott, Schichtdesserts oder himmlischen
Cremes. Probieren Sie unsere süßen Verführungen
aus, sie sind wirklich unkompliziert und ruck,
zuck fertig – dann brauchen Sie sich nur noch
zurückzulehnen und auf die Komplimente Ihrer
Liebsten zu warten

Weiße Schokocreme
MIT JOHANNISBEEREN

Was für ein Naschvergnügen! Sahnepudding mit weißer Schokolade,
dazwischen sorgen säuerliche Johannisbeeren für eine gelungene Abwechslung

ZUTATEN

4 Portionen

500 ml Milch
1 Päckchen Sahne-Puddingpulver
(zum Kochen)
2 Eier, getrennt
1 Prise Salz
85 g weiße Schokolade
250 g rote Johannisbeeren

— Etwa 50 ml Milch und Puddingpulver glatt rühren. Eigelbe und 3–4 EL Milch verquirlen. Eiweiß und Salz zu steifem Schnee schlagen.

— Restliche Milch und 75 g zerbröckelte Schokolade aufkochen. Zunächst das angerührte Puddingpulver in die kochende Milch gießen, dabei kräftig rühren und nochmals aufkochen lassen.

— Topf vom Herd nehmen, verquirlte Eigelbe in den kochend heißen Pudding rühren. Dann Eischnee mit einem Schneebesen unterheben, sodass keine Flöckchen mehr sichtbar sind.

— Johannisbeeren abspülen und die Beeren von den Rispen streifen. Schoko-Creme und Beeren im Wechsel in 4 Gläser schichten. Restliche Schokolade mit einem Sparschäler in feine Locken schälen und daraufstreuen.

Pro Portion
ca. 305 kcal, E 10 g,
F 14 g, KH 32 g

Pflaumengrieß

Wellnessurlaub für Kurzentschlossene: Sahnigen Grieß mit
karamellisiertem Studentenfutter und Portweinpflaumen löffeln –
und mit geschlossenen Augen genießen

ZUTATEN

4 Portionen

1 Glas Pflaumen (540 g Einwaage,
halbe Frucht)
350 ml Portwein
100 g Studentenfutter
1–2 EL brauner Zucker
2 Tüten Grießbrei (oder 170 g
Weichweizengrieß)
1 l Milch
100 g Schlagsahne

— Die Pflaumen in einem Sieb abtropfen lassen und den Saft
auffangen.

— Saft und Portwein in einem Topf aufkochen. Etwa 15–20 Minuten ohne Deckel bei starker Hitze einkochen lassen.

— Inzwischen Studentenfutter und Zucker in einer Pfanne rösten und dabei zu Krokant karamellisieren. Auf ein Stück Backpapier geben und etwas abkühlen lassen. Krokant grob hacken.

— Den Grießbrei mit Milch nach Packungsanweisung zubereiten. Die Sahne steif schlagen und unter den warmen Grießbrei
heben.

— Grießbrei, Pflaumen, Sauce und Studentenfutter sofort
servieren.

Pro Portion
ca. 765 kcal, E 18 g,
F 25 g, KH 94 g

Tipp

*Wenn Kinder mitessen, ersetzen Sie
den Portwein in der Sauce durch
Kirschsaft und 1–2 EL braunen Zucker.*

Gebratene Banane

MIT AHORNSIRUP

Die Tropenfrüchte werden karamellisiert und serviert in einem herbsüßen Sud
mit zitrusfrischer Note. Mit oder ohne Rum? Völlig Banane!

ZUTATEN

2 Portionen

1 Vanilleschote
2 Bananen (nicht zu reif)
2 EL Butter
1 EL Ahornsirup
3 EL Orangensaft
4 EL Zitronensaft
evtl. 2 EL brauner Rum
2 Kugeln Vanilleeis

— Vanilleschote der Länge nach aufschneiden und das Mark mit einem spitzen Messer herauskratzen. Die Bananen schälen und längs halbieren.

— Butter, Ahornsirup und Vanillemark in einer Pfanne erhitzen und hellbraun karamellisieren lassen. Die Bananenhälften vorsichtig im Karamell wenden.

— Orangen- und Zitronensaft und eventuell Rum dazugießen und kurz aufkochen lassen.

— Die Bananen aus der Pfanne nehmen, auf Teller legen und mit je einer Kugel Vanilleeis anrichten. Den Pfannensud darübergießen und sofort servieren.

Pro Portion
ca. 175 kcal, E 2 g,
F 6 g, KH 25 g

Kirsch-Zwieback-Trifle

Schneller Schichtwechsel: Cremiger Mascarpone-Quark,
marinierte Kirschen und Kokoszwieback sind fix ins Glas gefüllt,
und ebenso schnell weggelöffelt

ZUTATEN

3 Portionen

180 g TK-Sauerkirschen (auf-
getaut; oder ½ Glas Schatten-
morellen; 180 g, abgetropft,
und 50 ml Saft)
3 EL Zucker
evtl. 2 EL Kirschwasser (oder ein
paar Tröpfchen Rum- oder Vanille-
Backaroma)
100 g Schlagsahne
100 g Mascarpone
100 g Magerquark
1 Päckchen Vanillezucker
6 Kokos-Zwiebäcke (etwa 40 g)

— Kirschen mit 1 EL Zucker bestreuen. Eventuell Kirschwasser darüberträufeln und kurz ziehen lassen.

— Sahne steif schlagen. Mascarpone, Quark, restlichen Zucker und Vanillezucker glatt rühren. Sahne vorsichtig unterheben.

— Zwiebäcke in Stücke brechen. Marinierte Kirschen in einem Sieb abtropfen lassen, Saft dabei auffangen. Zwiebäcke mit dem Kirschsaft beträufeln.

— Mascarponecreme, Kirschen und Zwiebäcke im Wechsel in Gläser schichten und etwa 15 Minuten im Kühlschrank ziehen lassen. Dann servieren.

Pro Portion
ca. 415 kcal, E 8 g,
F 25 g, KH 38 g

Grießschmarren

Eine echte Win-Win-Situation: Schenken Sie sich Zeit und zaubern
Sie mit luftigem Schmarren plus Rosinen und Pinienkernen im Nu ein Lächeln
in jedes Gesicht

ZUTATEN

4 Portionen

3 EL Pinienkerne
400 ml Milch
Salz
75 g Weizengrieß
3 Eier
2 EL Rosinen
1–2 TL abgeriebene Zitronenschale
60 g Zucker
1 EL Butterschmalz
Puderzucker zum Bestäuben
1 Glas Apfelkompott (365 g)

— Pinienkerne in einer Pfanne ohne Fett goldbraun rösten.
Milch und Salz aufkochen, Grieß langsam einrühren. 5 Minuten auf dem ausgeschalteten Herd quellen lassen.

— Eier trennen. Eigelbe sorgfältig unter den Grieß rühren.
Pinienkerne, Rosinen und Zitronenschale unterrühren und abkühlen lassen.

— Den Backofen auf 200 Grad, Gas Stufe 4 vorheizen (Umluft
nicht geeignet).

— Eiweiß und 1 Prise Salz halb steif schlagen. Zucker dazugeben und weiterschlagen, bis er gelöst ist. Eischnee unter den
Grieß heben.

— Butterschmalz in einer großen beschichteten Pfanne erhitzen.
Den Grießteig darin bei mittlerer Hitze 5 Minuten backen.
Im Ofen 15 Minuten auf der 2. Schiene von unten fertig
backen. In Stückchen teilen und mit Puderzucker und Apfelkompott servieren.

Pro Portion
ca. 380 kcal, E 12 g,
F 14 g, KH 50 g

Arme Ritter

MIT ERDBEERSALAT

Glücksritter sollten sie besser heißen: Denn die saftigen
goldgelb gebackenen Schnitten mit marinierten Erdbeeren machen alle happy.
Arm sind nur die, die nichts mehr abbekommen

ZUTATEN

4 Portionen

ERDBEERSALAT

2–3 frische Maracujas (Passions-
früchte)
400 g Erdbeeren

ARME RITTER

2 Eier
200 ml Milch
2 Päckchen Vanillezucker
6 Scheiben Kastenweißbrot vom
Vortag (etwa 250 g)
Butterschmalz zum Braten
Puderzucker zum Bestäuben

FÜR DEN ERDBEERSALAT

— Die Maracujas halbieren, das Fruchtfleisch mit einem Teelöffel herauskratzen und in eine Schüssel geben. Erdbeeren
abspülen, trocken tupfen, putzen und in kleine Stücke schneiden. Mit dem Maracujamark mischen.

FÜR DIE ARMEN RITTER

— Eier, Milch und Vanillezucker in einem tiefen Teller verquirlen. Die Brotscheiben vollständig darin eintauchen, kurz
abtropfen lassen und portionsweise in einer Pfanne im heißen
Butterschmalz von beiden Seiten goldgelb braten.

— Die Scheiben einmal durchschneiden und zusammen mit
dem Erdbeersalat anrichten. Etwas Puderzucker darüberstäuben
und noch heiß servieren.

Pro Portion
ca. 450 kcal, E 11 g,
F 20 g, KH 54 g

Rhabarber-Brownie-Dessert

Verraten Sie niemandem, dass man Brownies fertig kaufen kann: Rhabarberkompott kochen, mit Schokowürfeln und Sahnejoghurt in Gläser schichten – und für das hausgemachte Dessert Applaus ernten

ZUTATEN

4 Portionen

250 g Rhabarber
100 ml Orangenlikör
(oder Orangensaft)
etwa 2 EL Zucker
100 g Brownies
300 g griechischer Joghurt
(10 % Fett)
2–3 EL Rhabarbersirup ersatzweise Agavendicksaft
20 g Zartbitter-Schokolade

— Rhabarber putzen, abspülen und die Stangen in kleine Würfel schneiden. Mit Likör und Zucker etwa 3–5 Minuten im geschlossenen Topf dünsten, bis der Rhabarber knapp gar ist. Umfüllen und im Sud abkühlen lassen.

— Brownies in etwa 1 cm große Würfel schneiden und auf 4 Gläser verteilen. Rhabarber und 1–2 EL von dem Sud daraufschichten.

— Griechischen Joghurt und den Sirup verrühren und auf den Rhabarber schichten.

— Die Schokolade mit einem Sparschäler in dünnen Locken abschälen und kurz vor dem Servieren aufs Dessert streuen.

Pro Portion
ca. 370 kcal, E 5 g,
F 16 g, KH 40 g

Himbeer-Semifreddo

Verwandeln Sie Himbeeren und Limettensaft doch mal eben
in die Erfrischung des Sommers! Pürieren, einfrieren und ganz cool mit Schlagsahne
und Amarettinis servieren

ZUTATEN

3 Portionen

250 g TK-Himbeeren
3 EL Limettensaft
80 g »Frucht-Eis Zauber«
75 g Schlagsahne
evtl. 2 EL Amaretto
1–2 EL Amarettini-Kekse

— Eine flache Schüssel in den Tiefkühler stellen. Die Himbeeren auf einem Teller ausbreiten und 10 Minuten antauen lassen. Dann zusammen mit dem Limettensaft und »Frucht-Eis Zauber« mit dem Stabmixer nach Packungsanweisung luftig pürieren.

— Die Eismasse in die gekühlte Schüssel geben und für etwa 15 Minuten einfrieren.

— Inzwischen die Schlagsahne steif schlagen. Mit einem Eiskugelformer oder einem Löffel Kugeln aus dem halbgefrorenen Eis formen und in Portionsschalen füllen.

— Je einen Klecks Schlagsahne daraufgeben und eventuell den Amaretto darüberträufeln. Mit zerbröselten Amarettini-Keksen bestreuen. Sofort servieren.

Pro Portion
ca. 270 kcal, E 3 g,
F 8 g, KH 40 g

Holunderbeersuppe

Die wärmt schön durch: Zitronenschale sorgt für Frische,
Apfelstücke für fruchtigen Biss. Auch zu Vanilleeis eine ganz heiße Nummer

ZUTATEN

2 Portionen

1 Bio-Zitrone
750 ml Holunderbeersaft
etwa 80 g Zucker
1 säuerlicher Apfel (etwa 250 g)
3–4 Stängel Zitronenmelisse

— Die Zitrone heiß abspülen, trocken tupfen und mit einem Sparschäler ganz dünn schälen. Die Hälfte der Zitronenschale fein hacken.

— Den Holunderbeersaft mit der restlichen Zitronenschale und 60 g Zucker in einem Topf erhitzen.

— Den Apfel schälen, vierteln und das Kerngehäuse herausschneiden. Apfelviertel in kleine Würfel schneiden und mit dem restlichen Zucker und der gehackten Zitronenschale mischen.

— Zitronenmelisse abspülen, trocken tupfen, die Blätter fein hacken und dazugeben. Die Apfelmischung in die heiße Suppe rühren. Eventuell einen Stängel Zitronenmelisse auf die Suppe legen und sofort servieren.

Pro Portion
ca. 410 kcal, E 9 g,
F 2 g, KH 85 g

Dazu getoastetes
Brioche-Brot

Apfel-Holunder-Kompott

Ein Traum im Herbst: Das herb-fruchtige Kompott ist nicht nur fix fertig, es lässt sich auch super vorbereiten und macht mit Honig-Mascarpone und Mandelkeksen alle glücklich

ZUTATEN

2 Portionen

2 säuerliche Äpfel à 200 g
2 EL Zitronensaft
2 TL Zucker
1 TL Vanillezucker
3–4 EL Holunderbeersaft
4 Cantuccini (ital. Mandelkekse)
150 g Mascarpone light
2 TL flüssiger Honig
3 EL Milch

— Äpfel schälen, vierteln, entkernen und in grobe Stücke schneiden. In einem Topf mit 4–5 EL Wasser, Zitronensaft, Zucker und Vanillezucker aufkochen lassen.

— Zugedeckt etwa 10 Minuten köcheln lassen, bis die Äpfel weich, aber noch etwas stückig sind. Ohne Deckel weitere 5 Minuten einkochen lassen, bis die Flüssigkeit vollständig eingekocht ist. Dann den Holunderbeersaft einrühren. Das Kompott abkühlen lassen.

— Cantuccini-Kekse grob zerbröseln. Mascarpone, Honig und Milch glatt rühren.

— Apfel-Holunder-Kompott, Mascarpone-Creme und Keksbrösel in Gläsern anrichten und servieren.

Pro Portion
ca. 440 kcal, E 8 g,
F 24 g, KH 47 g

Schnell und einfach

Der Nachmittagsbesuch bleibt ungeplant zum Abendessen? Oder nach Feierabend haben sich noch ein paar Freunde angekündigt? Keine Bange vor spontanen Einladungen! Hier sind jede Menge hilfreiche Tipps, mit denen Sie überraschend schnell mal eben Gutes einkaufen und kochen können – ganz ohne Schnappatmung, versprochen

In der Kürze liegt die Würze

Wer vorbereitet ist und Basiszutaten stets im Haus hat, kann nach der Arbeit den Einkauf für ein spontanes Gästeessen enorm verkürzen und sogar aus dem, was Keller, Kühlschrank und Vorratsschrank hergeben, so manches Abwechslungsreiches kochen – Fingerfoods, Pasta, Fischgerichte, eine Gemüsepfanne …

Deshalb sollten Sie folgende Lebensmittel bestenfalls im Hause haben:

Tiefkühlgemüse: Blattspinat, grüne Bohnen, Brokkoli, Erbsen
Konserven: stückige Tomaten, Hülsenfrüchte (Kichererbsen, Bohnen, Linsen)
Trockene Ware: Nudeln (verschiedene Formen), Reis, Instant-Couscous und -Bulgur
Frische Ware: Kartoffeln, Knoblauch, Zwiebeln, Zitronen, Kräuter im Topf
Fette: Öl, Butter, evtl. Butterschmalz
Geschmacksgeber: Gemüsebrühe, Essig, Tomatenmark, fertiges Pesto, Salz, Pfeffer, Chiliflocken, Kümmel, Zimt, Curry- und Paprikapulver, getrocknete Kräuter
Sonstiges: Eier, Mehl, Zucker, Parmesan

Convenience-Produkte wie Konserven, Tiefkühlgemüse oder Backmischungen sind bequem und zeitsparend und vereinfachen die Zubereitung von schnellen, abwechslungsreichen Gerichten. Sie sollten allerdings qualitativ hochwertig und ohne Geschmacksverstärker sein:

— Dosentomaten werden aus frischen, reifen Tomaten hergestellt. Das Aroma ist intensiv und häufig besser als das von frischen Tomaten aus dem Supermarkt, vor allem außerhalb der Saison.

— Hülsenfrüchte aus der Dose sind sofort einsatzbereit, da sie nicht mehr eingeweicht werden müssen, wie getrocknete Kichererbsen, Bohnen oder Linsen.

— Tiefgekühltes Gemüse wie Blattspinat, Blumenkohl, grüne Bohnen und Erbsen ist eine gute Alternative zu frischem Gemüse, da es direkt nach der Ernte schonend verarbeitet und sofort schockgefroren wird. Dadurch behält es größtenteils seine wertvollen Inhaltsstoffe. Es ist bereits gewaschen, geputzt, eventuell blanchiert und lässt sich schnell verarbeiten.

— Teigwaren wie Blätter-, Pizza-, Flammkuchen- oder Filoteig gibt es in guter Qualität in jedem Supermarkt zu kaufen. Da es zeitaufwendig ist, diese Produkte selbst herzustellen, bietet es sich an, auf fertige Tiefkühlware zurückzugreifen.

Ordnung ist das halbe Küchenleben

Ist die Küche aufgeräumt und alles steht an Ort und Stelle, macht das Kochen doppelt so viel Spaß: Wer also nur die nötigsten Küchenwerkzeuge bereitlegt, kocht schneller und effektiver. Folgende Küchenwerkzeuge und Arbeitsgeräte erleichtern die Arbeit:

2 Pfannen (beschichtet/gusseisern)
3 Töpfe (verschiedene Größen)
3 Messer (kleines Schälmesser, großes Küchenmesser, Brotmesser)
3 Schneidebretter (jeweils eins für Obst und Gemüse, Zwiebeln, Fleisch)
2–3 Schüsseln (verschiedene Größen)
1 Sparschäler

2 Kochlöffel
1 Schöpfkelle
1 Pfannenwender
1 Schneebesen
1 Kartoffelstampfer
1 Dosenöffner
1 Nudelholz
1 Vierkantreibe
1 Mörser
1 Küchenwaage und 1 Messbecher
1 Backpinsel
1 Rolle Backpapier
1 Sieb
1 Stabmixer und Handrührgerät
(evtl. Blitzhacker)
1 Zitruspresse
1 Toaster
1 Wok

Kochen ist vor allem gute Organisation und richtiges Timing. Mit ein paar Tipps und Tricks schaffen Sie es mit links, Gerichte schnell und punktgenau auf den Tisch zu zaubern:

— Lesen Sie sich das Rezept zuerst genau durch und achten Sie darauf, welche Zutaten und Küchenwerkzeuge benötigt werden.

— Stellen Sie die Zutaten, Küchenwerkzeuge und Arbeitsgeräte bereit. Legen Sie ein feuchtes Tuch unter das Schneidebrett, damit es beim Schneiden nicht hin- und herrutscht.

— Zutaten abwiegen und griffbereit hinstellen.

— Halten Sie sich an die Arbeitsschritte im Rezept, zum Beispiel als Erstes das Nudelwasser aufsetzen oder Spinat auftauen. Tiefgefrorene Produkte evtl. zuvor über Nacht im Kühlschrank auftauen lassen.

— Stellen Sie benutzte Werkzeuge oder Geschirr sofort in die Spülmaschine oder in die Spüle. So haben Sie mehr Platz und behalten besser den Überblick.

— Kochwasser für Nudeln, Reis, Gemüse oder Brühe im Wasserkocher aufkochen und in einen vorgewärmten Topf auf der heißen Kochstelle gießen.

— Salz erst in schon kochendes Wasser geben, es erhöht sonst den Siedepunkt.

— Backofen rechtzeitig vorheizen.

— Größere Schneidebretter vereinfachen das Schneiden, da geschnittene Zutaten einfach an den Rand geschoben werden können.

— Mit scharfen großen Messern schneiden.

— Rühren Sie nicht zu oft in den Töpfen herum, denn dies lässt die Temperatur sinken und die Garzeit kann sich verlängern.

— Große Pfannen und Töpfe verwenden, denn eine größere Oberfläche ermöglicht schnelleres Braten und Kochen.

— Töpfe beim Kochen mit Deckeln verschließen, dann entweicht keine Hitze.

— Mut zur Hitze! Lassen Sie die Pfanne für gebratenes Fleisch und Fisch zuerst richtig heiß werden. Dann geben Sie das Öl in die Pfanne, legen hinein, was Sie braten wollen, und reduzieren erst jetzt die Temperatur.

Edel Books
Ein Verlag der Edel Germany GmbH

Copyright © 2014 Edel Germany GmbH,
Neumühlen 17, 22763 Hamburg
www.edel.com
1. Auflage 2014

BRIGITTE Kochbuch-Edition ist eine Marke der Zeitschrift BRIGITTE
– Alle Rechte vorbehalten –

Alle Rezepte stammen aus der BRIGITTE.
Chefredakteurin BRIGITTE: Brigitte Huber
Stellvertretende Chefredakteurinnen: Claudia Hohlweg (Art), Claudia Münster

Projektleitung und Koordination: Jelena Jenzsch (BRIGITTE), Constanze Gölz (Edel)
Rezepte (Produktion und Foodstyling): BRIGITTE Kochressort
Rezeptauswahl: Antje Klein, Constanze Gölz, Julia Sommer
Texte: Antje Klein
Textlektorat: Andrea Lepperhoff
Lektorat und Redaktion: Constanze Gölz, Julia Sommer
Korrektorat: Brigitte Hamerski
Fotografien im Innenteil: Thomas Neckermann mit Ausnahme der Seite 105 von
Wolfgang Schardt
Coverfotografien: Wolfang Schardt mit Anne-Katrin Weber (Foodstyling) und
Maria Grossmann (Styling)
Layout, Satz und Covergestaltung: Lars Hammer und Carolin Beck für
Groothuis. Gesellschaft der Ideen und Passionen mbH, Hamburg | www.groothuis.de
Lithografie: edelweiß publish, Hamburg (Innenteil) und Frische Grafik, Hamburg (Cover)
Druck und Bindung: optimal media GmbH, Glienholzweg 7
17207 Röbel/Müritz

Printed in Germany
ISBN 978-3-8419-0310-5

PEFC
PEFC/04-31-1846

PEFC zertifiziert

Dieses Produkt
stammt aus
nachhaltig
bewirtschafteten
Wäldern und
kontrollierten
Quellen
www.pefc.org